Professeur
Kurt TEPPERWEIN

PENSEZ ET GUERISSEZ

*Techniques pratiques
pour vaincre
tous les problèmes de santé*

ISBN : 2-902468-29-6
Code : LP14

PENSEZ
ET
GUERISSEZ

Cher lecteur,

En tout être humain sommeille une étincelle divine. La laisser s'embraser en une flamme vive, adapter son comportement à des idéaux élevés, voilà le but de notre vie.

Réussir l'harmonie parfaite entre ces règles de base et la grandeur de notre personnalité, c'est vivre libre de toute maladie et de toute souffrance.

Si nous nous laissons aller sans prendre notre vie en main, nous vivrons en déséquilibre constant. Ce déséquilibre se manifestera sous forme de mauvais coups du sort qui se répètent et de maladies.

Notre corps et notre vie sont le reflet de notre état d'esprit car lui seul les façonne et détermine notre destin.

Le médecin le plus compétent, le meilleur des remèdes *stimulent nos vertus curatives* mais ne peuvent nous guérir par eux-mêmes.

La guérison par l'esprit est l'unique moyen d'atteindre la guérison physique ou psychique.

Kurt Tepperwein

« C'est l'esprit
qui gouverne le corps »

Goethe

PREFACE

Le pouvoir de notre esprit nous permet de vaincre toute maladie. Il est évident qu'un état d'esprit négatif, l'égoïsme, l'envie, la colère minent à la longue la meilleure santé. La peur de vivre, surtout, est facteur de maladies chez nombre de gens qui, de ce fait, vieillissent prématurément.

Un état d'esprit positif, la sérénité, la bonne humeur en dépit des viscissitudes de la vie, permettent de garder une énergie vitale.

Nos pensées nous donnent un prodigieux pouvoir. A nous la décision de nous en servir à notre avantage ou à notre détriment. La puissance de nos pensées nous permet d'influencer notre santé et nos maladies ; nos pensées sont notre destin. Personne ne peut se soustraire à cette loi qui est en même temps une merveilleuse chance.

Nous possédons donc la chance de pouvoir façonner notre vie selon nos désirs.

Notre destin dépend essentiellement de notre santé. Ce livre va vous servir de guide et vous donner les moyens de vaincre la maladie, de conserver et d'améliorer votre santé. Votre lecture terminée, vous posséderez plus que le simple espoir de rester en bonne santé. Elle reposera désormais entre vos mains.

En plus de ses conseils, ce volume contient des techniques simples destinées à procurer à chacun le moyen de se guérir par l'esprit.

« La plus grande découverte de notre génération
consiste dans le fait que l'homme soit capable de transformer sa vie
en modifiant son état d'esprit ».

WILLIAM JAMES

1

INTRODUCTION

La plupart des gens passent la première moitié de leur vie à ruiner leur santé pour amasser de l'argent. Et ils passent l'autre moitié à dépenser cet argent pour retrouver la santé.

Moi-même, pendant des années, je n'ai pas fait exception à la règle. J'ignorais systématiquement les signaux d'alarme de plus en plus fréquents. Jusqu'au moment, où je fus contraint de payer cher le prix des exigences imposées à mon organisme. Hospitalisé d'urgence pour grave déficience rénale, je dus subir une intervention chirurgicale compliquée. Mais l'opération ne fut pas un succès et le médecin me conseilla vivement l'ablation du rein malade car une éventuelle guérison n'était plus à escompter. J'étais encore sous le choc de l'opération précédente, et j'hésitais. Pourtant sans cette nouvelle intervention, je perdais l'usage de l'autre rein et j'aurais dépendu, dès lors, d'un rein artificiel pour le restant de mes jours.

Dans cette situation désespérante, j'entendis parler par hasard d'un cours sur la guérison par l'esprit. En temps normal, comme tout « réaliste » qui se respecte, je n'y aurais attaché aucun intérêt. Mais, en l'occurrence, ma détresse l'emporta sur mon scepticisme. Et je m'inscrivis au cours.

Très vite, je commençai à appliquer mes nouvelles connaissances. Peu à peu mes douleurs s'apaisèrent. Au bout de quelques semaines j'en fus totalement débarrassé.

Je repris contact avec mon médecin. Les radios furent catégoriques : le rein malade retravaillait normalement. Cinq années se sont écoulées depuis et je suis toujours en parfaite santé.

Stimulé par cette expérience concluante, je me fis un devoir d'écrire ce livre « Pensez et Guérissez ». Je souhaite que chacun y puise aide et réconfort.

Pr Kurt Tepperwein

Président de l'Académie
Internationale de
Médecine Interdisciplinaire.

2

L'IMAGINATION : LANGAGE DU SUBCONSCIENT

● Le contenu de l'information « L'image parle plus que les mots »

Si vous désirez converser avec quelqu'un, il vous faut naturellement parler son langage. Le langage du subconscient est l'imagination sous forme d'« images mentales ». Avant d'apprendre à influencer notre subconscient, nous allons commencer par étudier son langage. Beaucoup de gens ayant déjà suivi mes directives « parlent » couramment maintenant avec leur subconscient. A peine ont-ils les yeux fermés que toute image pensée leur devient mentalement « visible ». Les enfants se servent naturellement de ce don. Malheureusement, la plupart des adultes ont perdu cette faculté.

• L'A.B.C. du subconscient.

Pour commencer, pensons à des formes simples, d'aspect caractéristique connues de tout le monde. Prenons l'exemple de la banane.

Fermez les yeux et imaginez ce fruit. Essayez d'en retenir l'image jusqu'à bien pouvoir préciser sa forme. Maintenant, voyez-en mentalement la couleur. « Voyez » distinctement la banane et sa couleur particulière. A présent, ouvrez les yeux puis refermez-les.

Les yeux clos, essayez de percevoir rapidement l'image très précise du fruit et de sa couleur. Répétez cet exercice. A la longue, vous pourrez créer cette image mentale à tout moment à votre gré.

Ensuite, vous changerez d'objet. Imaginez maintenant une pomme, sa forme particulière et sa couleur. Continuez l'expérience avec une orange. Tous ces fruits vont finir par se projeter nettement devant votre oeil mental, avec leur forme et leur couleur. Exercez-vous maintenant les yeux fermés à faire défiler ces diverses formes et couleurs devant votre oeil mental. Au bout d'un certain nombre d'exercices, il vous sera facile de les visualiser aisément.

La connaissance du langage du subconscient vous permettra de commencer à penser en « phrases » entières au lieu de « mots ».

• Comment imaginer la rencontre avec une personne ?

Prenons un fait quotidien : quelqu'un vous salue et vous serre la main. Les yeux fermés, essayez de voir distinctement cette personne venir vers vous et vous tendre la main. En même temps, regardez-la bien en face, et reconnaissez-la. L'image ne doit pas être floue ; il est important de pouvoir détailler clairement l'ensemble. Faites passer ce film devant votre oeil mental sans omettre aucun détail. - Quelle est l'expression de la personne ? Comment est-elle vêtue ? Sa poignée de main est-elle ferme ou molle ? Lorsque cette personne vous parle, pouvez-vous « entendre » ce qu'elle dit ? Essayez de saisir l'événement dans l'ensemble de ses détails.

En répétant cette expérience, vous finirez par en saisir l'événement dans ses détails et sa signification. Et surtout ne vous découragez pas si la réussite tarde à venir. Exercez-vous et prenez votre temps. Celui qui s'exprime confusément a peu de chance de se faire comprendre. Votre but à vous est de pouvoir communiquer avec votre subconscient.

Pour éviter la monotonie, je vais vous conseiller de varier vos images. Peut-être vous sera t-il agréable d'imaginer comment vous effectuez un achat ou dans quelle ambiance vous regardez la télévision en famille.

Commencez toujours par un événement à votre portée et augmentez graduellement la difficulté.

Vous serez capable de « voir » mentalement l'événement dans son ensemble, en couleurs et avec ses détails.

• Comment se voir soi-même ?

Il est parfois difficile de s'imaginer. Si c'est le cas pour vous, prenez quelques-unes de vos photos et observez-les attentivement l'une après l'autre. Impreignez-en chaque détail dans votre esprit. Maintenant, fermez les yeux.

Revoyez ces images distinctement devant votre oeil mental.

Par ce procédé, la difficulté de se « voir » réellement sera déjà vaincue lors d'un premier essai.

• Comment voir en couleurs ?

Beaucoup sont incapables de reproduire mentalement les événements ou les objets en couleurs. Ils projettent l'image invariablement en noir et blanc. Dans ce cas, la technique suivante produit des résultats.

Imaginez-vous devant un mur blanc avec un pot de peinture de la couleur de votre choix. Puis, à coups de pinceaux réguliers, peignez ce mur de la couleur choisie. Répétez cette expérience. Au bout d'un certain nombre d'exercices, vous verrez ce mur entièrement peint.

Une autre technique consiste à vous imaginer un objet de la couleur de votre choix. Approchez-le progressivement de vos yeux. Peu à peu, cette couleur remplira votre champ visuel mental dans sa totalité.

Adoptez la technique qui vous réussit. Vous pourrez visualiser rapidement et distinctement la couleur imaginée. La patience aidant, vous tirerez profit de toutes les techniques proposées.

• L'intensité de l'information

Maintenant que vous « parlez » parfaitement le langage du subconscient, il importe d'en acquérir la bonne « intonation ».

Désirez-vous lui communiquer des événements anodins ? Ils y pénètreront de manière éphémère. Mais, il en est d'autres, plus importants, que vous aimeriez marquer de façon indélébile dans votre subconscient. Voici comment faire.

• Comment conditionner votre état d'esprit à l'aide de vos émotions

Comment réussir ce conditionnement ?

- Amplifiez l'intensité de l'image mentale à l'aide de vos émotions.
- Servez-vous de votre imagination.

Un événement sans importance ne nécessitera qu'une seule réalisation de son image mentale sans l'aide d'une émotion particulière.

Si vous désirez qu'un événement marque durablement votre subconscient, imaginez-le souvent mentalement selon la « technique des 21 jours » (que nous allons développer ultérieurement). Imprégné dans votre subconscient, l'événement influencera votre comportement. Exprimez des sentiments forts en rapport avec le fait auquel vous pensez. Ils soutiendront votre imagination. Votre enthousiasme et votre désir, conjugués en un intense sentiment, se dirigeront essentiellement vers l'image désirée le temps de sa durée. La force de cette émotion décidera de la profondeur et de la durabilité qui imprégneront irrévocablement l'image mentale dans votre subconscient.

• La juste motivation

Un jour, un représentant en chaussures visita une ile lointaine. A son retour, très déçu, il rapporta à son chef :

Là-bas, personne ne porte de chaussures. Impossible d'y faire des affaires.

Quelques temps après, un autre représentant s'y rendit. Enchanté de son séjour, il rapporta à son chef :

Là-bas, personne ne porte de chaussures. Nous pourrions y faire des affaires exceptionnelles.

• La disposition mentale

Tout dépend de votre bonne ou de votre mauvaise disposition mentale.

Il nous appartient d'adopter le meilleur état d'esprit comme de le modifier si nos dispositions ne correspondent pas à nos désirs. En effet, toute réussite est impossible sans la disposition mentale adéquate.

Toute motivation n'est justifiée qu'en fonction de son mobile par le simple fait que nous n'accomplissons rien sans raison. Plus encore, sans motif, nous ne ferions plus rien du tout.

Il y a peu de temps, une de mes connaissances visita les Seychelles. Il s'étonna que les indigènes ne travaillaient pas ou épisodiquement. Les habitants de cette île étant très accueillants, il engagea la conversation avec l'un d'eux pour s'enquérir de la raison de leur refus de travailler.

- Pourquoi travaillerai-je, répondit-il. Tout ce dont nous avons besoin pour vivre nous est fourni par la nature.

Il m'arrive de travailler de temps en temps : si j'ai besoin d'un nouveau pantalon ou si j'ai envie d'une bière.

Aux Seychelles, boire de la bière est le symbole de l'aisance sociale. Une bière coûte environ le prix d'une journée de travail. Cet exemple prouve de quelle manière une action est intimement reliée à l'objectif visé. Celui-ci atteint, l'action s'arrête.

La raison du « pourquoi » de nos actions est capitale en tous domaines, et particulièrement en ce qui concerne la maladie.

80% des maladies en effet, sont d'origine psychosomatique. (Psyche = esprit ; Soma = corps). En conclusion ; elles prendraient naissance dans nos mauvaises habitudes mentales. Donc, sans avoir détruit la cause, facteur de ces maladies, il est inutile de chercher à en soigner les effets.

Par exemple ; si vous avez un clou dans une chaussure, les remèdes les plus perfectionnés ne suffiront pas à enrayer l'inflammation. Celle-ci réapparaîtra dès que vous remettrez cette chaussure. Le seul moyen consiste à en retirer le clou, cause de la douleur qui guérira ainsi d'elle-même.

En conséquence *c'est en modifiant votre état d'esprit que vous atteindrez la réussite totale.*

3

VOTRE LIEU DE « RETRAITE MENTALE ».

Un grand nombre d'hommes célèbres se retiraient volontiers dans un endroit pour penser ou trouver l'inspiration.

• L'origine de la force et des idées.

Se réfugier dans son lieu de détente était un procédé familier à Edison. Là, lui vinrent les idées les plus élaborées qui lui valurent de nombreux brevets d'invention. Etait-il bloqué sur un problème apparemment insoluble ou à bout de forces ? Il se retirait alors mentalement en cet endroit de détente. Et, au bout de quelques minutes, une énergie nouvelle l'animait et le problème se résolvait de lui-même. Edison fut un des premiers à se servir des fabuleux pouvoirs du subconscient et à y croire.

• Le pouvoir de notre esprit.

Nous nous servons environ de 10% des facultés de notre esprit et les 90% restants demeurent inexploités. Si nous pouvons en utiliser une partie, nous sommes tout aussi capables de découvrir le reste de ces pouvoirs. Ceux-ci, ainsi que le moyen de vous en servir, vous sont dévoilés dans ce chapitre. Vous savez comment maîtriser le « langage » du subconscient. Vous allez maintenant apprendre comment fabriquer un lieu de rencontre mental avec votre subconscient. Arrivé à ce point, vous pourrez converser avec lui dans le langage acquis précédemment et vous posséderez le moyen de façonner votre vie selon vos désirs.

• Est-ce une réalité ou une fantaisie ?

Cet endroit peut exister réellement ou être seulement le fruit de votre imagination. L'essentiel est qu'il soit situé dans un lieu de paix et d'harmonie où vous vous sentez à l'aise. Si c'est un lieu que vous connaissez, choisissez-le comme refuge où pouvoir détendre votre esprit. Sinon, créez-le dans votre imagination. En ce lieu, vous retrouverez ce que vous aimez. Aimez-vous la mer ou préférez-vous la montagne ? Quoiqu'il en soit, choisissez-vous un coin propice à votre détente mentale.

• Comment créer cet endroit selon vos désirs ?

Arrangez cet endroit à votre idée. Si vous le possédez déjà, opérez-y les changements souhaitables, de manière à ce qu'il soit pour vous le lieu idéal. Bien qu'il soit possible de le quitter à tout moment, il serait préférable que l'endroit soit définitif. Vous vous y sentirez plus à l'aise toute votre vie.

Par conséquent, prenez votre temps pour arranger cet endroit et le conformer aux détails de vos images mentales. Lorsque vous aurez mis au point ce lieu de détente psychique, et de point de rencontre avec vous-même et votre subconscient, retirez-vous au moins une fois par jour pendant dix à trente minutes. Même si vous n'avez rien de spécial à exiger de votre subconscient, ces quelques minutes seront de véritables « vacances mentales ». Vous y serez seigneur et maître. Tout s'y déroulera selon vos désirs. Vous y déciderez non seulement de son aspect mais aussi de tout ce qui s'y passe. Le climat, la flore, la faune dépendront de votre volonté. Vous serez le « MAÎTRE SUPRÊME » de ces lieux. Imprégné de ce sentiment, libéré des entraves imposées par le monde extérieur, vous saisirez la signification du mot LIBERTÉ.

• Le moyen d'accéder à votre lieu de retraite mentale.

Je vais d'abord vous montrer comment accéder à votre lieu de retraite mentale où vous pourrez utiliser à votre gré le pouvoir de votre subconscient.

• - Si vous désirez vous rendre dans votre lieu de retraite, commencez par vous asseoir ou vous étendre confortablement.

• - Enlevez vos chaussures ; desserrez vos vêtements et décontractez-vous tout à fait.

• - Respirez calmement, régulièrement et profondément. Fermez les yeux. Veillez à ne pas être dérangé.

• - Pour ne pas vous laisser distraire par un événement extérieur, gardez les yeux fermés pendant toute la durée de votre exercice.

7 - rouge

• - Inspirez profondément. Pendant l'expiration, représentez-vous le nombre sept et la couleur ROUGE.

• - En même temps, décontractez votre tête - la peau, le front puis les sourcils.

• - Détendez maintenant les oreilles et le menton. Décontractez aussi les muscles autour des yeux et de la bouche. Relâchez-les et sentez votre tête et votre visage se détendre.

6 - orange

• - Inspirez profondément. Pendant l'expiration représentez-vous le nombre 6 et la couleur ORANGE

• - En même temps, détendez votre buste. Relâchez vos épaules et vos bras et détendez votre coeur, vos poumons et votre diaphragme.

• - Sentez la partie supérieure de votre corps se détendre et se relâcher entièrement.

5 - jaune

• - Inspirez profondément. Pendant l'expiration imaginez le nombre cinq et la couleur JAUNE

• - Détendez votre abdomen puis vos jambes et vos pieds. Sentez votre ventre et vos jambes se relâcher et tous vos muscles se détendre.

• - A présent, votre corps est tout à fait décontracté, vos muscles sont relâchés et vos nerfs sont totalement détendus.

4 - vert

• - Inspirez profondément. Pendant l'expiration imaginez-vous le nombre quatre et la couleur VERTE

• - Détendez maintenant votre esprit. Laissez venir vos idées sans vous y attarder. Laissez-les défiler et se dissiper.

3 - bleu

• - Inspirez profondément. Pendant l'expiration imaginez le nombre trois et la couleur BLEUE

• - Sentez votre esprit se détendre de plus en plus. Vos pensées s'évanouissent. Vous devenez de plus en plus calme.

2 - indigo

• - Inspirez profondément. Pendant l'expiration représentez-vous le nombre deux et la couleur INDIGO

• - Maintenant, votre esprit est calme. Tout à fait calme. Il ne vous vient plus aucune pensée. Vous sentez une merveilleuse sérénité vous pénétrer.

1 - violet

• - Une dernière fois, inspirez profondément. Pendant l'expiration, imaginez le nombre un et la couleur VIOLETTE (comme la pensée) (la fleur). Pendant que votre oeil perçoit ce violet, vous sentez un calme absolu vous pénétrer. Vous vous abandonnez entièrement à cette sensation de sérénité parfaite.

• La sérénité et votre moi

• - Maintenant, vous avez pénétré jusqu'au plus profond de vous-même. Le calme absolu s'installe en votre Moi et l'emplit tout à fait.

• - Vous êtes vous-même ce calme absolu. Sentez cette sérénité absolue. Vous vous reposez psychiquement et physiquement et vous y puisez une force nouvelle.

• - Maintenant, dans ce calme, retirez-vous en votre endroit de détente mentale.

• - Comptez jusqu'à trois. A trois, transposez-vous votre endroit de détente mentale.

• - Regardez autour de vous. Respirez l'air pur. Sentez une brise légère.

• - Marchez sur le sol pieds nus et sentez-le sous vos pieds (ou l'herbe ou le sable)

• - Ramassez une poignée de terre et sentez-en l'humidité dans votre main. Humez cette terre.

• - Si des arbres poussent en cet endroit, touchez-en l'écorce. Est-elle rugueuse ou lisse ?

• - Englobez votre endroit de détente mentale avec tous ses détails. Vous vous y sentez libre et vous y êtes bien.

• - C'est assez pour la première fois. Revenez à présent. Comptez lentement de un à sept.

• - A sept, ouvrez les yeux. Vous êtes tout à fait réveillé, en bonne santé et en parfaite harmonie avec la vie.

• - Sentez la paix intérieure et la sérénité empreinte de bien être qui va rester en vous pendant un moment.

• La « retraite » mentale

Lorsque vous avez la nostalgie de cet endroit de détente mentale, n'hésitez pas à vous y rendre. C'est là à tout moment que vous pourrez vous libérer des tensions.

Il est nécessaire de pénétrer au moins une fois par jour au fond de vous-même. De cette façon, vous vous accordez quotidiennement des « vacances » mentales. Il est très important de vous familiariser avec le procédé et avec son objectif. Servez-vous en régulièrement. Vous pouvez aussi enregistrer votre voix. Prévoyez un temps de pause sur la bande magnétique correspondant à votre entrée en communication avec votre subconscient. Ce silence sert à suggérer à votre subconscient les informations souhaitées avant de « remonter » vers le conscient.

Evitez de modifier les paroles. Bien familiarisé avec ces dernières, elle vous conduiront, étape par étape, dans votre endroit de détente mentale.

• Le passage du rythme Beta au rythme Alpha ?

L'application de cette technique modifie la tension des ondes du cerveau. En temps normal, leur fréquence (nommée Beta), se situe entre 14 et 21 hertz (vibrations par seconde). L'application de la technique mentale décrite précédemment fait varier la fréquence de 7 à 14 hertz (fréquence Alpha). L'appareil E.E.G. permet de mesurer ces différences de tensions. Grâce à la variation des ondes du cerveau, vous atteignez un état mental qui vous met en contact direct avec votre subconscient. Ce contact établi, vous pouvez influencer et modifier votre personnalité en vous servant du langage de votre subconscient. N'oubliez pas que votre subconscient est un mécanisme automatique complexe. Ne vous en servez que si vous êtes sûr que tout se déroulera en votre faveur. Vous pouvez compléter cet exercice par les techniques décrites dans le chapitre « Psychocybernétique ».

• Comment réaliser une première imprégnation mentale.

Connaissant votre endroit de détente mentale et le moyen de vous y rendre, commencez maintenant à parler à votre subconscient. Ces paroles contiendront les informations propres à créer l'idée d'un état d'esprit positif et d'une bonne santé.

Faites pénétrer en vous le calme absolu. Identifiez-vous à cette sérénité et pensez ou écoutez les paroles suivantes.

• Paroles destinées à créer un état d'esprit positif et une bonne santé :

• « Chaque jour mes pensées deviennent plus positives, me guérissent, assurent ma réussite et m'apportent le bonheur ».

• « J'utilise davantage les pouvoirs de mon esprit, et mon succès s'affirme ».

• « J'ai le contrôle optimum de mes pensées et de mes facultés. Je m'en sers pour atteindre mes objectifs ».

• « Je n'en ferai cependant jamais usage pour porter atteinte à une autre personne ».

• « Je vivrai toujours avec un état d'esprit positif qui maintiendra mon corps en bonne santé ».

• « Mon coeur est en état et mon corps est solide ».

- « Mes poumons et mon système digestif fonctionnent bien ».

- « Mes muscles et mes articulations sont souples et mobiles ».

- « Mon sang est pur. Ma peau est belle ».

- « Chaque fois que j'atteindrai cet état mental, je me sentirai revivre psychiquement et physiquement. La mise en oeuvre de mes facultés permettra à ma réussite de s'affirmer ».

Transformez maintenant ces paroles en images mentales auxquelles vous associerez un intense sentiment de bien être. Unies à cette sensation, elles s'installeront plus profondément dans votre subconscient où elles se concrétiseront de plus en plus facilement.

Puis, comptez lentement de un à sept. A sept ouvrez les yeux. Vous êtes tout à fait réveillé, en bonne santé et en parfaite harmonie avec vous-même.

Si vous désirez identifier ces paroles et ces images mentales à votre personnalité, il vous suffit de les concilier avec un profond sentiment de bien-être. Le succès vous est assuré.

• Une technique rapide

Il est important de pratiquer quotidiennement le moyen d'accéder à votre endroit de détente mentale. Seul un entraînement régulier vous permettra d'y réussir. Au bout de quelques semaines, un résumé de la technique des nombres suffira. Nous le développons ci-dessous.

Tout d'abord, assurez-vous de ne pas être dérangé. Installez-vous confortablement. Décontractez-vous totalement. Respirez calmement et régulièrement.

• De 7 à I. Résumé

• - Inspirez profondément. Pendant l'expiration, imaginez le nombre sept et la couleur ROUGE. Décontractez votre tête.

• - Inspirez profondément. Pendant l'expiration, imaginez le nombre six et la couleur ORANGE. Détendez votre corps.

• - Inspirez profondément. Pendant l'expiration, imaginez le nombre cinq et la couleur JAUNE. Décontractez votre abdomen et vos jambes.

• - Inspirez profondément. Pendant l'expiration, imaginez-vous le nombre quatre et la couleur VERTE. Détendez votre esprit.

• - Inspirez profondément. Pendant l'expiration, imaginez le nombre trois et la couleur BLEUE. Détendez votre esprit encore davantage.

• - Inspirez profondément. Pendant l'expiration, imaginez le nombre deux et la couleur INDIGO. Votre esprit est maintenant détendu.

• - Inspirez profondément. Pendant l'expiration, imaginez le nombre un et la couleur VIOLETTE. Votre esprit est maintenant détendu.

• - Inspirez profondément. Pendant l'expiration, imaginez le nombre un et la couleur VIOLETTE. Votre esprit est maintenant totalement détendu.

Sentez la sérénité absolue prendre possession de votre être.

Faites l'exercice suivant : inspirez et expirez à chaque nombre. Le rythme a une importance capitale.

● Respirez : 8 - 4 - 8 - 4.

- \- Seul votre abdomen travaillera pendant l'inspiration.
- \- L'inspiration durera huit pulsations.
- \- Vous retiendrez votre souffle pendant quatre pulsations.
- \- Vous expirerez pendant huit pulsations.
- \- Vous ne respirerez plus pendant quatre pulsations.

Vous constaterez que la respiration suffit déjà à produire un effet calmant et bénéfique. Je l'explique ultérieurement, en détail sous le titre « La respiration qui guérit ».

● Connais-toi toi-même.

Vous avez créé l'endroit de rencontre avec votre subconscient dont vous maîtrisez maintenant le « langage ». A présent, il s'agit d'utiliser ce « savoir » à bon escient. Avant d'entreprendre de vous transformer vous devez d'abord vous connaître.

Testez votre personnalité. Faites un bilan de vos découvertes. C'est le seul moyen de trouver la cause de votre déséquilibre, facteur de votre maladie.

4

PSYCHOCYBERNETIQUE

• La maladie imaginaire

Il y a quelques années, j'ai lu un fait intéressant dans un ouvrage traitant de l'hypnose où un hypnotiseur suggérait à une étudiante sous hypnose, les paroles suivantes :

- « Je pose un glaçon sur le dos de votre main. Sentez-en le froid ». En réalité, il y avait déposé une pièce de monnaie.

• Comment imaginer et produire une ampoule due à une brûlure.

L'hypnotiseur enleva la pièce de monnaie puis suggéra :

- « Je pose une pièce de métal brûlante sur le dos de l'autre main ».

Il y posa la même pièce de monnaie. L'étudiante tressaillit, et son visage reflétait la douleur provoquée par la brûlure. Des ampoules ne tardèrent pas à se former. Réveillée, elle fut interrogée sur les souvenirs de cette expérience. Elle fit une description fidèle de la sensation de froid sur le dos d'une main et de la sensation de brûlure sur l'autre. Quelle ne fut pas sa surprise d'apprendre que ces phénomènes provenaient d'une seule et même pièce de monnaie !

Que s'était-il passé ? Le subconscient avait enregistré mot à mot la suggestion de chaleur de la pièce de monnaie. Cette sensation enregistrée, il se comporta en conséquence. La brûlure et les ampoules en sont la preuve irréfutable. Cette simple expérience montre le pouvoir extraordinaire qu'une image peut exercer sur notre corps. Par conséquent, les « maladies imaginaires » existent. Le médecin les identifiera d'après leurs symptômes et leurs effets mais la cause lui restera une énigme. Il les soignera par des remèdes, en l'occurrence inefficaces. Est-ce votre cas ? Alors, c'est la modification de votre état d'esprit qui opèrera la guérison. Rejetez l'image mentale de la maladie de votre esprit, et ses symptômes disparaîtront.

Je concluerais par ces mots : abstenez-vous d'entretenir des idées fixes négatives, sources d'images mentales néfastes. C'est le seul moyen d'échapper à la « maladie imaginaire ». Il est au contraire bénéfique de renverser le procédé, c'est à dire *d'imaginer votre guérison.*

• Comment imaginer sa propre guérison

Habituez-vous d'abord à chasser toute pensée négative dès qu'elle vous effleure. Insensiblement, l'image mentale de votre personne en bonne santé s'imposera à votre subconscient, qui, convaincu de votre guérison, travaillera vers cette idée.

La réceptivité de votre subconscient à vos désirs est nettement plus élevée lorsque vous êtes en votre lieu de retraite mentale.

Voici comment procéder :

• deux fois par jour pendant cinq minutes, transportez-vous en esprit en votre lieu de retraite mentale. Vous vous y « voyez » guéri.

• chassez toute pensée négative. Imaginez-vous en parfaite santé. N'envisagez pas le processus de guérison mais voyez *la réalité objective du résultat souhaité.*

« Voyez-vous » en bonne santé, empli d'une vitalité à toute épreuve, et vous le serez !

• nous sommes ce que nous pensons.

• Comment se « voir » guéri en son lieu de retraite mentale

Si 80% des maladies sont d'origine psychosomatique, c'est à dire provoquées psychiquement, les énormes pouvoirs de la psychocybernétique peuvent s'appliquer.

Quand vous êtes malade, vous allez voir votre médecin. Et pourtant, vous possédez en vous la faculté *d'enrayer*, voir *d'éviter* toute maladie.

Il y a quelques années, mon épouse dut subir une grave intervention chirurgicale. Les médecins s'étonnèrent de la rapidité de la cicatrisation qui intervint en quelques jours. Le secret, le voici : tous les jours, elle se voyait guérie en son lieu de retraite mentale. Ce procédé permet une cicatrisation quatre à cinq fois plus rapide. Les médecins, d'abord sceptiques, durent se rendre à l'évidence de ce « miracle ».

L'EFFET PLACEBO - SE LIBÉRER DES MÉDICAMENTS

• Comment retrouver le sommeil au moyen d'un laxatif !

Une patiente me rapporta le fait suivant. Souffrant d'insomnie chronique, elle avait recours à des somnifères dont le nombre s'élevait à quatre. Un soir, elle se trompa de tube et avala des laxatifs à la place. Et elle dormit. Le lendemain, elle souffrit de diarrhée mais ne s'en inquiéta pas. Le soir suivant, elle se trompa à nouveau. Nouvelle diarrhée plus violente. Cette fois, elle eut l'idée de comparer les deux tubes. Elle constata sa méprise et réalisa le rôle purement subjectif des somnifères sur ses insomnies.

Cet incident justifie la théorie de l'effet Placebo. Ma patiente avait installé en son subconscient l'image mentale des somnifères et il agissait en conséquence.

• Le test de vérité

Les patients d'une clinique célèbre furent divisés en deux groupes. Au premier, on administra le médicament usuel. Au second, on donna un médicament d'aspect similaire mais sans effet. Médecins et patients ignoraient qui prenait le médicament ou le substitut. Le pourcentage de réussite atteignit 70% pour le premier groupe ; il fut le même pour le deuxième. J'en conclus d'après cette expérience que tout médicament a un effet stimulant sur les fonctions organiques mais que la guérison s'opère en notre subconscient. Un dicton affirme qu'un rhume dure quatorze jours sans médicament, deux semaines sous traitement. Il semble se justifier pleinement.

• Comment guérir sans médicament

Le subconscient réagit non seulement à n'importe quel médicament, mais aussi à tout ordre donné. Personnellement, je procède de la façon suivante avec mon subconscient : dès que je me couche, je suggère le calme parfait. Mes problèmes disparaissent et je me détends totalement. Le moyen de me soulager d'un mal consiste donc à m'étendre. Cette action créé un comportement analogue au réflexe conditionné de Pavlov. Ce dernier faisait sonner une cloche avant de nourrir un chien. Après quelques séances, le son de la cloche suffisait à faire saliver l'animal.

On peut en conclure que deux actions indépendantes reliées entre elles par un enchaînement organisé créent un réflexe conditionné dans le subconscient.

Vous réussirez à modifier votre comportement au prix d'un entraînement. Cette transformation se réalisera mieux en votre lieu de retraite mentale. S'il s'agit d'un fait unique (un examen, par exemple), ce que nous appelons « la technique du tableau » suffira à atteindre votre but. Si vous avez l'intention de modifier durablement une habitude, nous préconisons « la technique des 21 jours ». Ces deux techniques sont détaillées plus loin.

• Le choix du moyen de se libérer d'un mal

Choisissez judicieusement, car le subconscient réagit suivant n'importe quel moyen suggéré. Si vous associez par exemple n'importe quel air de musique à l'envie de danser, vous serez immanquablement perturbé dans la vie quotidienne où le déclic « musique » revient souvent. Imaginez-vous en train de lutter contre une irrésistible envie de danser pendant un travail important...

Choisissez donc le procédé adapté à la situation donnée que vous pouvez diriger à votre guise.

• Procédés qui ont fait leurs preuves

J'ai expérimenté moi-même avec succès un certain nombre de procédés faciles à réaliser :

• dès que je m'étends, je suis tout à fait calme. Mes problèmes disparaissent. Mon corps et mes nerfs se détendent.

• Je peux répondre sans hésiter à n'importe quelle question.

• Le soir, je remets à mon subconscient un problème insoluble selon la « technique du tableau ». Le lendemain, à mon réveil, ou quand je bois quelque chose, la solution se présente à mon esprit.

• Je me suggère la chose suivante : « Si tu inspires trois fois profondément par la bouche, tu es capable de grandes performances sportives ». Répétez bien : « Si je respire par la bouche ». Sinon, comme on respire le plus souvent par le nez, chaque fois que vous inspirerez profondément, votre subconscient mobilisera vos réserves physiques. De ce fait, votre corps sera disposé à intervenir sans motif précis. Votre subconscient déconditionné finirait par ne plus enregistrer la relation de cause à effet.

Voici d'autres exemples :

• Je vais passer un examen. Je suis calme et mon esprit est clair.

• Au moment même où je presse mon pouce contre mon index, ma mémoire enregistre tout ce qui se dit. (Ceci est très utile pour les cours et conférences).

• Chaque fois que mon partenaire se montre tendre, j'oublie tous mes soucis et je me sens plein d'amour et de tendresse.

• Je garde mon calme en conduisant. Toute nervosité, toute tension disparaissent. Je réagis d'une façon réfléchie.

• Dès que je me couche, je m'endors.

• Vous pouvez continuer la liste à l'infini.

• La technique du tableau

Je vais maintenant vous apprendre à utiliser une technique particulièrement efficace. Par son action sur votre comportement, elle vous permettra de résoudre vos problèmes, comme par exemple vous débarrasser d'une mauvaise habitude, arrêter de fumer, modifier votre état d'esprit vis-à-vis des autres ou de votre travail.

• Le tableau noir et le tableau blanc

Pour appliquer cette technique, rendez-vous en votre lieu de retraite mentale au moyen de la méthode du compte de 7 à 1 et des couleurs correspondantes. Imaginez deux tableaux côte à côte : un tableau noir et un tableau blanc.

Ancrez l'image mentale de ces deux tableaux dans votre imagination de telle façon que vous puissiez les « voir » à tout moment dans cet endroit de votre lieu de retraite mentale.

Sur le tableau noir, vous noterez le comportement à modifier.

Par exemple, désirez-vous guérir d'une jalousie maladive ? Notez-en tous les détails, ainsi :

- je suis très méfiant
- je lis le courrier de mon épouse
- je fouille régulièrement dans son sac
- lorsqu'elle rentre d'une course ou d'une promenade, je la questionne sur ses rencontres
- je ne crois rien de ce qu'elle me dit.

Ecrivez à la craie sur le tableau de manière à ce que chaque mot vous apparaisse distinctement. Reculez-vous et relisez ce que vous avez écrit.

• Comment briser le tableau noir

Concentrez votre aversion et votre colère sur les phrases inscrites sur le tableau. Maintenant, brisez-le. Pour cela, je tiens en permanence à ma disposition un marteau près des tableaux de mon lieu de retraite mentale. Je réduis le tableau en petits morceaux que je piétine avec rage.

Pour réussir cette expérience, il faut démolir le tableau avec un sentiment de haine incontrôlable projetée contre les mots. L'anéantissement de l'objet de votre animosité effacera de votre subconscient le souvenir de votre mauvaise habitude. Plus votre colère sera forte, plus vous aurez des chances de l'extirper. Une fois le tableau détruit, calmez-vous progressivement. Tournez-vous maintenant vers le tableau blanc.

• Mots à marquer sur le tableau blanc

Sur ce tableau, vous écrirez votre comportement futur, par exemple en ces termes :

• j'ai confiance en ma femme

• je ne lui demanderai plus jamais d'où elle vient ni qui elle a rencontré

• je ne la contrôlerai plus

• je la crois.

Reculez-vous et relisez plusieurs fois ce que vous avez écrit. Eprouvez un intense sentiment d'amour et d'approbation à la lecture de ces mots. Sentez ce sentiment s'amplifier, laissez-le s'installer en vous. Sa force projette l'image mentale de votre nouveau comportement. Avec un sentiment de joie, représentez-vous votre but déjà atteint.

Votre subconscient ne fait pas la différence entre « l'être » et le « paraître ». Aussi vous sera-t-il aisé de lui imposer ces images mentales comme modèle de votre nouveau comportement.

Il est nécessaire de répéter souvent cette technique. Chaque exercice incrustera davantage les images mentales positives dans votre subconscient. Une fois vos mauvaises habitudes déracinées avec la destruction du tableau noir, concentrez-vous sur le tableau blanc, symbole de votre nouveau comportement. Si vous souhaitez résoudre un problème quelconque au moyen de la technique des tableaux, il vous faudra procéder de la manière suivante :

- destruction du tableau noir où figurent les aspects négatifs à modifier,

- représentation du tableau blanc avec les changements effectués.

• Comment résoudre un problème

Devez-vous trouver une solution à un problème difficile ? Commencez par vous rendre en votre lieu de retraite mentale. Sur le tableau noir, rédigez soigneusement et distinctement l'énoncé du problème. Relisez plusieurs fois et imaginez la solution inscrite le lendemain sur le tableau blanc.

J'utilise personnellement souvent ce procédé le soir avant de m'endormir. Si le problème a plusieurs solutions, je m'attends à les trouver le lendemain à mon réveil sur le tableau blanc.

Si aucune ne me satisfait, je recommence le procédé. Le soir, sur le tableau noir, j'inscris plusieurs solutions possibles, puis je m'imagine trouver la meilleure sur le tableau blanc.

Je suis quelquefois obligé de fractionner un problème en plusieurs solutions et de faire une synthèse des différentes solutions obtenues. En règle générale, la technique des tableaux ne m'a jamais déçu. Essayez-la et utilisez-la systématiquement.

• Le plus important est de vouloir réussir

Pour réaliser ses voeux, il faut y mettre le prix. Résoudre un problème par contrainte ou vouloir fermement le résoudre sont deux choses différentes.

- - Un désir faible produit un résultat médiocre

- - Un désir ferme produit un résultat satisfaisant et définitif.

Par conséquent, ayez la volonté de réussir et l'énergie nécessaire, et appliquez les techniques proposées : vous obtiendrez le résultat escompté.

Ne pensez pas comme le paysan qui priait en ces termes :

«Mon Dieu donnez-moi une bonne récolte et je vous promets de semer l'année prochaine».

On ne peut donner plus qu'on ne reçoit à moins de déboucher sur un sentiment de « vide ».

D'un autre côté, on ne peut pas demander plus qu'on ne peut donner soi-même, car on risque de ne plus rien obtenir :

Vos désirs doivent donc être compatibles avec ce que vous êtes capable de donner en retour. Une disproportion entraînera un déséquilibre. Cette instabilité mentale installera des idées noires, source de troubles souvent graves, quelquefois incurables.

• Tes pensées sont ton destin

Schopenhauer affirme avec raison :

« Tes pensées sont ton destin ».

Entretenez des pensées négatives : insensiblement elles vous détruiront. Par contre vivez avec la conviction (même imaginée) d'être en bonne santé, riche, heureux, et vous le deviendrez. Vous êtes maître de vos pensées, donc de votre destin. Commencez par dire « oui » à vous-même et à votre vie. Puis prenez votre destin en main et prenez-en la direction.

A cet effet, la technique des tableaux est efficace.

• La technique des 21 jours

Des scientifiques ont établi qu'il nous faut apprendre une chose neuf fois en moyenne pour que notre mémoire l'enregistre et que nous nous en souvenions durablement.

Cette constatation peut s'appliquer à votre comportement récemment acquis au moyen de la technique des tableaux. C'est par la répétition que vous fixerez cette nouvelle habitude.

La méthode décrite ci-dessous vous y aidera. 21 jours suffiront si vous l'appliquez avant de vous endormir et le matin à votre réveil.

Application de la méthode au coucher et au réveil

Couchez-vous et éteignez la lumière. Avant de commencer, attendez d'être bien calme et de ressentir une agréable fatigue. Rendez-vous à votre lieu de détente mentale en vous imaginant les nombres de 7 à 1 et leurs couleurs respectives.

Inscrivez alors votre nouvelle habitude sur le tableau blanc. Reculez-vous et relisez plusieurs fois. Eprouvez un intense sentiment d'approbation à la vue des mots inscrits.

Sentez ce sentiment s'amplifier et voyez l'image mentale de votre nouveau comportement. Imprégnez-vous-en et laissez vous aller à une merveilleuse sensation de bien-être. Représentez-vous le but comme définitivement atteint.

• Comment détruire définitivement le tableau noir

Evitez par tous les moyens d'imaginer le tableau noir, défouloir de vos mauvaises habitudes. Endormez-vous, convaincu d'avoir acquis un nouveau comportement. L'image mentale de l'habitude désirée sera la dernière pensée qui vous quittera le soir, et la première qui se présentera à vous le matin. Si vous vous concentrez exclusivement sur vos idées positives, 21 jours suffiront à vous débarrasser de mauvaises habitudes installées depuis des années.

Restez en votre lieu de détente pendant votre sommeil.

Reprenez le processus en entier le lendemain au réveil comptez de 7 à 1, en visualisant les couleurs. La technique appliquée, faites le compte de 1 à 7 pour revenir de votre lieu de détente.

• Un seul but à la fois

La technique des 21 jours ne vous autorise qu'un seul souhait à la fois. N'essayez donc pas simultanément d'arrêter de fumer, d'enrayer des maux de tête, ou de vous débarrasser du trac à un examen.

Durant ces 21 jours, votre subconscient n'enregistrera qu'un seul souhait sur lequel il concentrera toute son énergie.

Les 21 jours écoulés, vous pouvez vous fixer un autre objectif à atteindre. Votre subconscient n'a pas besoin de repos. Il reste en permanence à votre disposition.

Il est important de noter que :

- l'objectif visé doit être votre dernière pensée le soir et la première le matin à votre réveil.

- et qu'une interruption d'un seul jour vous obligera à tout reprendre au début.

• La technique des trois mois

La « technique des tableaux » et la « technique des 21 jours » devraient suffir à obtenir un résultat satisfaisant. Au cas où ce dernier laisserait à désirer, je vous propose la « technique des trois mois ».

• Un cycle de 21 jours et une pause d'une semaine

Procédez de la même façon que pour la technique des 21 jours. Ce laps de temps écoulé, oubliez votre problème. Essayez de ne pas y pensez du tout, ainsi l'acquis précédent aura le temps de s'affermir.

Après cette pause, recommencez un cycle de 21 jours suivi d'une pause d'une semaine. Continuez ainsi jusqu'au troisième mois.

Voulez-vous rajeunir ? Je vous recommande la « technique des trois mois ». Etes-vous enceinte, avez-vous peur de l'accouchement, je la préconise pour les trois derniers mois de votre grossesse. Ne « voyez » que l'objectif visé. C'est la seule façon d'imprégner votre subconscient de l'image mentale du résultat souhaité.

L'application de cette technique vous garantit le succès à condition d'y croire fermement.

LA TECHNIQUE DE LA FONTAINE DE JOUVENCE

Trouver la fontaine de jouvence est un rêve éternel de l'humanité.

• Le rajeunissement, pouvoir de l'esprit

Rajeunir, rester jeune est une question d'état d'esprit.

Rendez-vous à votre lieu de détente au moyen du compte de 7 à 1 et des couleurs correspondantes.

Là, en un coin idyllique, construisez-vous une fontaine de jouvence.

J'ai installé la mienne au milieu d'un parc merveilleux. Des marches en marbre blanc conduisent à un bassin alimenté par une source thermale.

Imaginez que de vieilles gens s'y plongent et en ressortent rajeunis. Observez-les un instant puis allez-y vous-même.

Soyez persuadé que vous en ressortirez également jeune et en bonne santé.

• Comment rectifier son maintien et effacer ses rides

Répétez l'exercice plusieurs fois jusqu'à vous reconnaître distinctement.

• - Voyez votre posture se redresser et vos rides disparaître

• - Voyez votre corps se revivifier et votre teint prendre des couleurs

• - Sentez une énergie nouvelle vous pénétrer de plus en plus à chaque bain.

Entre deux bains, respirez à pleins poumons l'air vivifiant de votre lieu de détente mentale. Sentez votre corps se recharger d'une nouvelle vitalité. Donnez libre cours à votre joie. Chantez gaiement et soyez heureux.

Continuez l'expérience pendant trois mois. Vous serez surpris du résultat.

COMMENT SE LIBÉRER DE LA MALADIE

• Un cas de guérison de la leucémie.

Dans une clinique pédiatrique américaine se passa l'événement suivant. Un garçon de neuf ans était condamné par la leucémie arrivée au stade critique.

L'évolution de la maladie sembla soudain se stabiliser. De jour en jour, les examens montraient une nette amélioration. Au bout de quelques semaines, le dernier bilan prouva que les cellules malades avaient disparu. Le garçon rentra chez lui tout à fait guéri. Ce fut un cas unique dans les annales de la médecine. Que s'était-il passé ?

L'enfant raconta :

- Peu avant ma maladie, mes parents avaient suivi un cours sur la guérison par l'esprit. Je les accompagnais pour ne pas rester seul à la maison. Puis, je fus atteint de ma maladie et je me souvins de ce cours. Je me suis mis alors à imaginer que les cellules malades de mon sang étaient des indiens et mes pensées des trappeurs. Bien sûr, les trappeurs étaient toujours vainqueurs des indiens. Chaque jour, je me sentais un peu mieux et je finis par guérir.

• L'effet des pensées positives

Selon l'avis des médecins, cette guérison relève du miracle.

Une guérison spontanée représente en effet seulement un cas sur 40000 !

Je l'impute ici au formidable effet des pensées positives de ce garçon. Il avait certes été instruit de la force des pensées et des techniques à appliquer pour guérir. Mais avant tout, il y croyait fermement. Incapable de se faire une image mentale de sa maladie, il l'imagina sous la forme d'indiens et de trappeurs. Son subconscient avait compris la situation de son organisme et de son sang, et réagi en conséquence.

• Le subconscient est autonome.

Selon quelles lois le subconscient a-t-il réagi ? Nul ne peut clairement l'expliquer, mais le réultat prouve bien les pouvoirs de l'esprit : une maladie incurable a été vaincue.

En conséquence la forme donnée à l'image mentale de la maladie n'a aucune importance du moment que le subconscient l'utilise à bon escient.

Vous n'avez pas à expliquer la marche à suivre à votre subconscient si votre organisme est malade. L'image mentale de l'effet souhaité suffit. Si vous vous identifiez à l'image du résultat désiré, votre subconscient fera le nécessaire pour le réaliser. Contrairement à un médicament, une imagination positive n'a pas de réactions secondaires. Le succès dépend de votre état d'esprit. Des pensées négatives rendront nul l'effet d'un médicament approprié à une maladie.

Des pensées positives vous permettront de guérir même au moyen d'un médicament inadéquat.

• Le cas d'une césarienne pratiquée sans anesthésie.

Un médecin anesthésiste rapporte le fait suivant :

- Une patiente devait subir une césarienne et se trouvait sur la table d'opération. Avant de l'anesthésier, je lui appliquai un masque à air pour la détendre. Elle respirait calmement et profondément cet air, pendant que j'attendais que le chirurgien soit prêt à opérer. J'observai la patiente un instant, puis je demandai au médecin s'il avait l'intention d'opérer à ce moment. Quelle ne fut pas ma surprise de voir le bébé et l'opération terminée !

Que s'était-il passé ?

Pendant que l'anesthésiste faisait respirer la patiente, le chirurgien, convaincu qu'elle était déjà anesthésiée, avait commencé l'opération. La cliente en état de profond sommeil, ne sentit rien de l'opération qui se déroula sans anesthésie.

Son subconscient avait admis qu'elle se trouvait sous anesthésiant et avait agi en conséquence.

Lorsque vous donnez un ordre à votre subconscient, il importe de ne jamais douter du résultat.

• Jésus lui-même l'a dit.

Même Jésus ne pouvait venir en aide à ceux qui n'avaient pas foi en lui. Jamais il n'a affirmé :

- J'ai le pouvoir de t'aider

Mais il répétait toujours :

- Ta foi te sauvera.

Croyez fermement que vous obtiendrez le résultat désiré.

Seule la foi en la réussite vous aidera. En effet, comment votre subconscient pourrait-il vous croire si vous-même vous doutez.

• Eloignez le doute.

Les pouvoirs de votre esprit, soutenus par vos sentiments, doivent se concentrer essentiellement sur l'objectif visé. Le moindre doute affectera le résultat.

Quand vous conduisez par exemple, si vous essayez d'accélérer et de freiner simultanément, ces deux actions contraires font que la voiture s'arrête ou dérape. et vous n'obtenez aucun résultat.

Il en est de même si vous mobilisez une partie de votre esprit et l'empêchez d'agir par vos doutes.

• Agissez avec conviction.

Gardez toujours à l'esprit qu'une forte conviction engendre des résultats satisfaisants et durables, et qu'une faible conviction engendre des résultats médiocres.

En conséquence, si vous voulez concrétiser vos désirs, il vous faudra les formuler clairement et avec conviction.

Si vous ne désirez pas fortement et avec passion un résultat concret, choisissez un autre objectif auquel vous tenez.

Ne dites jamais : « Pourvu que je réussisse ! » ou « Si seulement ça pouvait arriver ! ».

Concentrez vos pensées sur l'image mentale du but recherché et soutenez-les avec passion.

• Du pain pour les orphelins

Un jour, Georg Müller, le directeur d'un orphelinat n'avait rien à donner à manger à ses pensionnaires. Il leur demanda quand même de se mettre à table et de remercier Dieu pour leur nourriture. A ce moment précis, un boulanger apporta du pain, charité suggérée par son épouse. Une fois de plus, la foi avait sorti ce directeur d'une situation déséspérée.

Ce n'est pas une histoire pieuse, c'est la vérité.

- Ne mélez pas la logique au procédé.

Ne dites pas « Bon cet homme a bénéficié d'une aide. Mais puis-je en espérer autant dans ma situation ? ».

Déjà la question « puis-je en espérer autant ? » annule le résultat.

Pour commencer, ayez confiance en vous et croyez aux merveilleux pouvoirs de votre subconscient. Ceux-ci interviendront pour vous.

Ne faites pas intervenir la logique. Dès que vous pensez :

- « Ce serait merveilleux, mais est-ce vraiment possible ? », rien ne se fera.

Certes, votre logique vous aura rassuré mais aura neutralisé tout espoir d'obtenir un résultat. Allez de l'avant avec assurance et ne vous imposez pas de limites. Votre subconscient est là pour vous aider.

● Les trois pas

• - Le premier pas consiste à vous rendre à votre lieu de détente mentale. Oubliez vos soucis pour un moment ; détendez-vous physiquement et psychiquement. Utilisez la technique des nombres et leurs couleurs correspondantes. Ce procédé vous est maintenant familier, et une minute vous suffira pour vous rendre à ce lieu de détente mentale.Prenez votre temps pour regarder autour de vous. Identifiez-vous à l'harmonie paisible qui y règne.

• - Le deuxième pas consiste à utiliser la technique des tableaux.

Dans votre lieu de détente mentale, rejoignez le coin où sont placés les deux tableaux. Sur le tableau noir, inscrivez votre problème en détail. Avez-vous trouvé la solution ? Alors, écrivez-la sur le tableau blanc. Ou bien, votre problème n'est pas résolu. Alors, imaginez que la solution se trouvera le lendemain sur le tableau blanc.

La solution obtenue, transmettez à votre subconscient l'image très nette du résultat souhaité. Soutenez cette image mentale par des pensées positives.

Voulez-vous guérir d'une maladie ? Dans ce cas, voyez-vous heureux et en bonne santé, et laissez cette image s'installer en vous.

• - Le troisième pas consiste à employer la technique des 21 jours. L'image mentale de votre maladie ne doit plus vous apparaître. Concentrez-vous uniquement sur la pensée positive de la guérison.

Pendant ces 21 jours, pratiquez la respiration profonde. Soyez convaincu que votre subconscient va vous aider. Dans ce cas, vous contribuez vous-même à votre guérison.

Pour le reste, laissez faire votre subconscient. La guérison de votre maladie procède de votre image mentale positive aussi sûrement que la plante de sa graine.

LA RESPIRATION QUI GUÉRIT

• Comment avoir le souffle long - et vaincre

L'homme peut vivre deux semaines sans manger ; deux jours sans boire, mais seulement deux minutes sans respirer. Un mauvais rythme respiratoire provoque des troubles eux-mêmes à l'origine de maladies.

La respiration a un rôle important. Des traités de médecine chinoise et indienne traditionnelle font état d'exercices respiratoires. Bien savoir respirer est un art difficile que le monde occidental s'applique maintenant à maîtriser.

Cet art est sans conteste source d'énergie et de santé ; surtout, il développe les facultés mentales.

En Inde se pratique la respiration contrôlée qui stimule les pouvoirs du cerveau et permet une réflexion lucide sur la valeur des choses. La puissance contrôlée du cerveau maîtrise le courant désordonné de nos forces vitales.

• Une démonstration de la conscience faite « du bout des doigts ».

Quelles forces insoupçonnées pouvez-vous mobiliser au moyen de la respiration ? L'expérience suivante vous le démontre :

- Le sujet s'étend sur un divan accessible des deux côtés. Quatre personnes se placent latéralement de la façon suivante :

Deux à la hauteur des épaules ; et deux au niveau des genoux. Elles glissent leur index sous le sujet aux parties du corps précitées.

Les cinq personnes respirent simultanément selon le rythme :

Trois inspirations, trois expirations. A la quatrième inspiration les quatre participants debout soulèvent le sujet sans effort.

Si leur respiration s'accorde parfaitement, l'expérience réussit.

On peut faire l'expérience avec un sujet assis sur une chaise.

A la quatrième inspiration, les quatre participants le soulèvent sans effort avec la chaise.

• Comment respirer correctement

Une respiration correcte nous permet de découvrir des pouvoirs inconnus. Voici comment bien respirer.

1 - Inspirez et expirez toujours par le nez. C'est seulement lorsque vous fournissez un effort physique que vous respirez par la bouche. Votre respiration redevenue normale, respirez de nouveau par le nez.

Respirer par la bouche déssèche les muqueuses.

En conséquence, vous vous exposez aux refroidissements et aux infections.

2 - Respirez moins souvent mais plus profondément.
Procédez de la manière suivante :

- inspirez calmement

- ne respirez plus pendant quelques secondes.

- expirez lentement

- attendez quelques secondes avant d'inspirer de nouveau.

Remarques :

- ne retenez jamais l'air dans vos poumons pendant l'exercice

- Inspirez sans vous forcer même si vos poumons sont pleins d'air

- Continuez à expirer même si vos poumons sont vidés d'air.

3 - Seul votre abdomen doit travailler à l'inspiration comme à l'expiration.

Buvez cet air et sentez votre ventre se gonfler. La respiration par la poitrine est non seulement inutile, elle peut-être dangereuse. Vous ne devez jamais forcer, ni à l'expiration ni à l'inspiration.

4 - Exercez-vous à bien respirer plusieurs fois par jour, pendant dix minutes. Entre temps, n'y pensez pas. Imaginez que vous « êtes respiré » et laissez votre respiration se faire naturellement.

● Inspirez la santé.

Imaginez qu'à chaque inspiration, vous inspirez la santé , et qu'à chaque expiration, vous vous libérez de ce qui vous rend malade.

A chaque inspiration, la santé pénètre en vous, et toute substance nocive est expulsée de votre corps.

La forme donnée à l'image mentale de vous-même en bonne santé importe peu. L'essentiel c'est de vous voir tout à fait guéri. Vous pouvez aussi utiliser une photo du temps où vous étiez en pleine forme. Observez-la longtemps jusqu'à être en mesure de la voir distinctement les yeux fermés.

Voici un autre procédé : Voyez-vous mentalement en vacances. Vous faites du sport ou vous vous adonnez à toute autre activité qui sollicite de l'énergie. Gardez cette image en vous jusqu'à ressentir la santé et la vitalité que vous connaissiez à cette époque.

Respirez correctement le temps de cette expérience. Sentez votre santé s'améliorer à chaque aspiration.

• Comment inspirer correctement

Inspirez toujours calmement et régulièrement. L'inspiration et l'expiration doivent être de même durée.

Respirez toujours détendu.

A l'inspiration, rejetez légèrement la tête en arrière. Emplissez vos poumons et votre corps de la force vivifiante que vous inspirez.

Sentez votre santé s'améliorer et votre vigueur revenir à chaque aspiration.

• Comment retenir son souffle.

Retenez votre souffle calmement. Inspirez profondément. Lorsque vos poumons sont remplis d'air, respirez normalement.

Ne vous forcez jamais à retenir votre souffle plus de la moitié du temps nécessaire à inspirer ou à expirer.

Exemple : si vous inspirez le temps de 8 pulsations, retenez votre souffle le temps de quatre pulsations.

Contrôlez votre inspiration. Sentez son effet bénéfique se répandre dans votre corps. Vous êtes calme, détendu.

• Comment bien expirer

Il est important d'expirer correctement.

Commencez par expulser l'air vicié de vos poumons en expirant à fond. Emplissez-les d'un air neuf en inspirant profondément. L'inspiration doit avoir la même durée que l'expiration. Expirez comme à l'inspiration, c'est à dire sans interruption, calmement, régulièrement. On ne doit entendre aucun bruit de respiration (sauf dans le cas de l'expiration sur une lettre).

• L'expiration sur une lettre

On distingue l'expiration silencieuse et l'expiration que l'on entend. La première a un effet calmant, la deuxième a une fonction active. Les effets sont fonction de la lettre utilisée. Les voici :

A - L'expiration sur la lettre A détend le corps. La cavité abdominale subit une sorte de massage bénéfique.

E - L'expiration sur la lettre E masse la gorge et la glande thyroïde. C'est un excellent remède contre l'enrouement et les refroidissements.

H - L'expiration sur la lettre H calme la nervosité et soulage en cas de difficultés respiratoires par son influence directe sur les poumons.

I - L'expiration sur la lettre I stimule la circulation du sang au cerveau et facilite la concentration.

O - L'expiration sur la lettre O nettoie et fortifie les poumons et augmente leur capacité. Elle est à conseiller pour les maladies pulmonaires.

U - L'expiration sur la lettre U agit sur l'estomac et augmente la tension artérielle.

L'effet de l'expiration sur une lettre peut-être considérable. C'est pourquoi vous commencerez par des exercices isolés dont vous augmenterez la durée et l'intensité progressivement.

La respiration rythmique est importante. La respiration profonde nettoie et fortifie l'organisme et revigore l'esprit lorsqu'elle est alliée à la respiration rythmique, les bienfaits obtenus sont multipliés par trois ou quatre.

• Comment allier la respiration profonde aux battements du coeur.

Pour obtenir un effet satisfaisant, il faut adapter le rythme respiratoire à celui du corps par rapport aux battements du coeur.

Vous vous en assurerez en prenant votre pouls.

Si vous respirez de manière détendue, vous sentirez les battements de votre coeur surtout dans votre abdomen.

- expirez et inspirez les temps de 6 pulsations
- retenez votre souffle le temps de trois pulsations
- inspirez de manière détendue
- expirez le temps de six pulsations
- arrêtez-vous le temps de trois pulsations.

Reprenez depuis le début.

• Le rythme individuel

Au bout de peu de temps, vous pourrez adopter le rythme : 8 - 4 8 - 4, c'est à dire :

- inspiration pendant 8 pulsations

- suit un temps de repos de quatre pulsations

- expiration pendant huit pulsations

- suit un temps de repos de quatre pulsations.

Ce rythme convient généralement à tout le monde.

Si vous êtes sportif, adoptez le rythme 10 - 5 - 10 - 5 ou 12 - 6 - 12 - 6. Trouvez vous-même celui qui vous convient et faites l'exercice plusieurs fois par jour, au moins dix minutes, la fenêtre ouverte. Vos idées se clarifient et vous vous revigorez. Autre avantage : vous vous immunisez contre les refroidissements.

Si vous devez fournir un effort physique, pratiquez la respiration accélérée de cette façon :

- Commencez par le rythme normal 8 - 4 - 8 - 4.

- Avant l'effort, expirez trois à six fois rapidement, le temps de dire « un - deux - un - deux ».

- Inspirez, et vous êtes maintenant en pleine forme.

Ce procédé vous permet d'accroître votre énergie d'environ 20%.

• La respiration par les organes

Maintenant que vous connaissez la respiration rythmique, vous allez apprendre à en diriger l'effet bénéfique sur un point précis de votre corps ou de vos organes. A priori, cela semble impossible. Et pourtant les yogis indiens maîtrisent cet art depuis des millénaires. Ils y parviennent par le truchement de leur imagination.

Nous aussi, allons apprendre à nous servir des pouvoirs de notre imagination.

• Le rythme et l'imagination

Admettons par exemple que vous ayez mal au genou. Vous pouvez faire disparaître cette douleur en quelques minutes. Si elle est due à une maladie, vous pouvez en hâter la guérison.

Voici comment procéder :

- Retirez-vous en votre lieu de détente psychique. Respirez calmement et régulièrement.

- Imaginez que votre genou guérit, d'inspiration en inspiration.

- Imaginez que la douleur et la maladie s'en vont d'expiration en expiration.

Au bout de trois ou de quatre respirations contrôlées, vos douleurs vont disparaître. Toutefois, il est indispensable de continuer l'exercice pendant dix minutes, temps nécessaire à voir mentalement votre genou guéri.

En cas de douleurs rebelles qui reviennent toutes les heures, par exemple, il vous faut consulter un médecin. La douleur est le signal d'alarme dont notre corps se sert pour nous avertir d'un trouble. La maladie arrivée à un stade critique est du ressort de la médecine. Continuez les exercices. Ceux-ci, alliés au traitement, hâteront votre guérison.

En proposant la respiration rythmique, je pense en particulier aux femmes soucieuses d'améliorer leur physique et d'être à leur avantage. Ce type de respiration leur permet d'effacer les rides légères, de paraître plus jeune et aussi de se sentir plus jeune.

Avez-vous le teint pâle ? Vous avez le pouvoir d'y mettre des couleurs. Au contraire, rougissez-vous facilement ? Ce problème peut-être guéri par la respiration contrôlée.

• Action sur un point du corps

Utilisez la technique proposée jusqu'à pouvoir diriger votre respiration sur un point précis du corps. Une sensation de chaleur suivie, après quelques minutes, d'une impression de fraîcheur bienfaisante, vous indiquera que vous maîtrisez la technique.

• Comment se débarrasser de la douleur et hâter la guérison

Au début de l'application de la technique, la douleur s'accroîtra, mais ne vous inquiétez pas. Le fait de vous concentrer sur le point douloureux vous fera prendre conscience de la douleur. Elle se calmera au bout de quelques respirations contrôlées.

La respiration rythmique orientée accélère la guérison. Imaginez par exemple que vous vous coupez le bout d'un doigt qui est une partie très sensible à la douleur. Grâce au procédé, le mal disparaîtra en l'espace de quelques respirations.

Observez maintenant la coupure. Quelques respirations contrôlées suffisent pour arrêter le saignement et le processus de cicatrisation est entamé.

Je recommande cette technique en cas de maladie ou après une intervention chirurgicale.

• Comment augmenter votre énergie

Cette technique peut vous aider considérablement si vous avez un effort physique ou intellectuel à fournir. Rendez-vous en votre lieu de retraite mentale et dirigez la respiration rythmique sur les parties du corps concernées par l'effort à accomplir. Si vous projetez une marche en forêt ou de la course de compétition, concentrez votre respiration sur vos jambes. Cette technique augmente votre endurance physique et l'énergie de votre intellect.

• Comment combattre un rhume

Un rhume même bénin peut vous gêner si vous devez passer un examen, ou d'une manière générale si vous voulez être en forme. Utilisez la respiration rythmique dirigée dès les premiers symptômes. Quelques minutes suffisent pour enrayer le mal. Au moyen de cette technique, vous viendrez à bout d'un rhume tenace en une journée. Vous augmenterez vos chances en utilisant la recette suivante :

• pressez une orange et un demi-citron. Mélangez leur jus dans un verre. Ajoutez un gramme de vitamine C. Remplissez le verre d'eau ou de jus de fruit.

• rendez-vous en votre lieu de retraite mentale. Concentrez la respiration rythmique vers votre tête pendant quelques minutes. Comptez de 1 à 7 pour revenir de votre lieu de détente et videz votre verre à petites gorgées. Pratiquée trois fois par jour, cette méthode vous débarrassera du rhume le plus tenace en une journée.

• je vous conseille de boire beaucoup car, lors d'un rhume, l'organisme transporte énormément de toxines à éliminer. Essayez d'enrayer un rhume par un régime sec est une grave erreur.

Je bois personnellement dans ce cas un verre d'eau distillée plusieurs fois par jour car l'eau déminéralisée favorise l'élimination des toxines et des déchets de l'organisme. N'oubliez pas après un rhume de réapprovisionner votre corps en sels minéraux éliminés avec les impuretés. Vous en trouverez en pharmacie ou dans les magasins diététiques.

● Comment combattre les sensations de vertige

L'effet obtenu au moyen de la respiration rythmique dirigée est parfois tout simplement merveilleux

Si vous êtes quelquefois sujet à des vertiges procédez de la manière suivante :

Prenez une échelle assez haute et montez un barreau à chaque inspiration, de cette façon jusqu'au dernier. Vous constaterez que vous n'avez pas souffert du moindre vertige.

La technique de la respiration rythmique dirigée vous permet aussi de vaincre la faim et la soif les plus tenaces. Si elle est utilisée, elle vous garantit sans conteste les meilleurs résultats.

COMMENT VENIR A BOUT DES MAUX DE TÊTE ET DES MIGRAINES

Je connais un homme heureux qui n'a jamais souffert de maux de tête de sa vie.

Depuis son enfance il s'est habitué à revoir le soir, devant son oeil mental, les événements de la journée, et à évaluer ses bonnes et ses mauvaises actions.

Cet homme vit en harmonie avec lui-même et ne se fait pas de souci inutilement. Cet homme heureux c'est moi. Et je vous conseille de faire de même.

• Les symptômes de la peur

Les raisons de se faire des soucis sont diverses : problèmes d'argent, contrariétés, chagrin d'amour, orgueil démesuré, maladie.

Mais en règle générale, c'est la peur qui est à l'origine de la plupart de nos maux de tête : peur de faillir à un devoir, peur de ne pas être à la hauteur d'une responsabilité ou des exigences de la vie, peur de l'incertitude du lendemain, de malheurs éventuels. La peur ronge nos forces jusqu'à nous faire battre en retraite, les bras ballants devant les problèmes.

William James a dit : « Tue ta peur avant qu'elle ne te tue ».

Vainqueur de vos phobies, vous serez vainqueur de vos maux de tête. Par quel moyen ? Il suffit de reprendre confiance en soi.

• Comment découvrir la cause d'un mal de tête

Essayez d'abord d'analyser objectivement un danger. Imaginez-en les pires conséquences. Vous constaterez qu'elles sont disproportionnées par rapport à la peur ressentie.

Ayez confiance en vous-même car vous êtes capable de venir à bout de la situation la plus compliquée. Les événements ont rarement la gravité que vous leur accordez. Le monde est fait de problèmes auxquels correspondent des solutions.

Découvrez la cause de vos maux de tête à l'aide de la technique des tableaux. Inscrivez votre question sur le tableau noir et attendez-vous à trouver la réponse le lendemain sur le tableau blanc. Quelquefois, la solution donnée peut vous surprendre. Dans ce cas, c'est que votre subconscient a jugé votre conduite et vous a répondu comme sanction sous forme de maux de tête.

• Un exemple d'auto-sanction

L'origine du mal a souvent ses racines dans l'enfance. Une de mes patientes souffrait de violents maux de tête dès qu'elle se mettait à lire. Comme elle ne maîtrisait pas la technique de la guérison par l'esprit, je la mis sous hypnose, et je la fis revivre son enfance.

Il fut découvert qu'à l'âge de douze ans, elle s'était permise de lire un ouvrage de médecine appartenant à son père. Celui-ci la surprit, la fit mettre à genoux avec l'interdiction formelle « une fois pour toutes » de lire les livres réservés aux adultes. Cette punition, profondément ancrée en son subconscient, était à l'origine de ses maux de tête. Dans son subconscient, « lire » signifiait « sanction ». Il lui suffit de faire la relation de cause à effet pour venir à bout de son mal sans recourir à un traitement quelconque.

J'en conclus qu'il est primordial de commencer par chercher la cause du mal. Une fois celle-ci trouvée et analysée, vous serez en mesure de l'enrayer.

• Comment vivre en harmonie avec soi-même et avec son entourage.

Si vous n'arrivez pas à trouver la cause du mal, continuez à appliquer la respiration rythmique dirigée. A condition de ne pas utiliser le procédé en pleine crise, un résultat rapide et surprenant vous est garanti en cas de migraine. La *technique des 21 jours* s'avère tout aussi efficace. Si vous n'arrivez pas à créer une image mentale de vous-même sans migraine, utilisez la *technique de l'image mentale positive.* Voici comment procéder. Prenez une photo de vous-même du temps où vous étiez heureux et insouciant et regardez-la à chaque exercice respiratoire en imaginant que vous redevenez la personne de ce temps-là. Je vous recommande d'utiliser cette technique au moins trois fois par jour. Vous pouvez allier la respiration rythmique à la *technique des 21 jours.* Vous vous représenterez ainsi l'image mentale des jours heureux au moins trois fois par jour pendant 21 jours. Soyez certain que le mal de tête peut-être enrayé à tout moment.

Il existe un moyen de ne jamais être sujet à des migraines. Le voici : ayez constamment le désir de vivre en harmonie avec vous-même et avec votre entourage et vivez concrètement ce désir. Si vous le voulez vraiment, vous verrez que c'est plus simple que vous ne le pensiez. Ainsi, lors d'une dispute ou d'une mésentente, même si vous êtes dans votre droit, tendez la main le premier à l'adversaire. Ne considérez pas cet acte comme un manque de fermeté. La tolérance exige plus de force de caractère que la vaine obstination. Le sentiment d'avoir réglé un conflit détend l'atmosphère. C'est la meilleure solution. Toute bonne action porte en elle-même sa récompense, et votre subconscient oeuvrera dans ce sens. Vos maux de tête disparaîtront.

COMMENT VENIR A BOUT DES PHOBIES ET DES DÉPRESSIONS

• La peur du chat

Au cours d'une émission télévisée, je vis le cas d'une jeune femme qui avait une peur maladive des chats. Même un chat en peluche, et jusqu'à l'image d'un chat, lui inspirait la peur.

Lors d'une séance de thérapie, elle fut introduite dans une pièce où l'attendait un psychothérapeute à 5 mètres environ, avec un chat sur les genoux. La patiente resta sur le pas de la porte et se mit à jouer nerveusement avec ses doigts, de toute évidence indécise quant à l'attitude à adopter. La psychothérapeute l'invita à faire un pas. C'est alors que ses nerfs craquèrent et elle s'enfuit de la pièce en criant.

Au cours de l'entretien, elle déclara que depuis l'enfance, elle avait développé la peur des chats. Comme elle prenait soin de les éviter, elle n'en souffrait pas. Quand elle entra en apprentissage à l'âge de quatorze ans, ses camarades s'aperçurent vite de sa phobie. Un jour, l'un d'eux lui lança un chat au visage. Elle développa par la suite une peur obsessionnelle des chats au point de ne pas pouvoir aller travailler s'il lui arrivait de rencontrer cet animal sur son chemin. Elle consulta une psychothérapeute. Au bout de douze séances, elle pouvait soutenir l'image d'un chat sans éprouver de peur, et elle était capable de toucher un chat en peluche d'un doigt hésitant. Après quelques semaines de thérapie, sa phobie des chats avait disparu. Il lui fut possible de tenir un chat vivant sans ressentir la moindre épouvante.

• Comment se débarrasser de la peur

L'exemple ci-dessus montre qu'on peut se guérir de toute phobie comme on s'en est imprégné un jour. Dans le cas de la peur du chat, la psychothérapeute a appliqué la technique de l'imagination. Voici comment elle a procédé.

Elle a demandé à la patiente de s'étendre et de se relaxer complètement, car en état de relaxation on n'éprouve pas la peur. Elle a dû s'imaginer qu'elle rencontrait un chat, d'abord de loin, puis de plus en plus près. En réalité, la phobie du chat s'était manifestée, mais l'état de relaxation l'empêchait de prendre forme. Le subconscient ne distinguant pas le réel de l'imaginaire, la patiente put être conditionnée à ne plus ressentir de phobie. Au bout de quelques séances, elle put affronter l'animal en réalité. Peu à peu, la psychothérapeute a compliqué les situations imaginées. Ces situations, sans cesse revécues au cours du traitement, ont amené la patiente au bout de quelques semaines à pouvoir prendre et caresser un véritable chat. Elle avait vaincu sa peur.

En partant de cet exemple, je peux conclure que toute phobie est guérissable.

• Comment maîtriser la peur de prendre l'avion

Certains ont peur de prendre l'avion, ce qui les empêche d'atteindre des lieux dont ils rêvent. Si c'est votre cas, procédez de la manière suivante. Commencez par vous détendre. Puis rendez-vous en votre lieu de retraite mentale. « Voyez » devant votre oeil mental l'image de l'endroit que vous désirez visiter. Maintenant, « voyez-vous » descendre de l'avion.

Cet exercice mental donne à votre subconscient la démarche à suivre pour atteindre l'objectif fixé. Ainsi, vous allez à l'agence de voyage pour faire votre réservation, vous vous rendez en taxi à l'aéroport, vous faites enregistrer vos bagages et vous attendez dans la salle de départ. Vous « entendez » l'annonce de votre vol, vous vous « voyez » monter dans l'avion et vous êtes heureux. Votre place est située près d'un hublot, votre compagnon de voyage est agréable. Vous attachez votre ceinture. Maintenant, « sentez » l'avion décoller, « voyez » comme il traverse les nuages. Dans un ciel bleu, vous planez au-dessus de ces nuages. L'hôtesse vous apporte un excellent repas que vous dégustez avec plaisir. De temps en temps, vous regardez par le hublot. Tout en bas, le paysage défile : un fleuve brille au soleil, une ville disparaît à l'horizon. Après le repas, vous prenez une tasse de café et vous lisez un peu. Maintenant, c'est le moment de l'atterrissage. L'hôtesse vous demande d'attacher votre ceinture et d'arrêter de fumer. « Voyez » la terre se rapprocher. L'avion atterrit doucement. Le temps est superbe. Vous descendez de l'avion et vous êtes heureux. Des amis vous attendent. Vous leur racontez, enchanté, comment s'est déroulé le vol.

Si vous vous représentez continuellement cette situation qui vous fait peur dans tous ses détails positifs, et que vous la vivez avec un sentiment de joie, votre subconscient apprendra à ne plus la craindre. Vous pourrez alors prendre l'avion en réalité, heureux et sans crainte. Vous aurez éliminé votre peur.

Il est important de « voir » mentalement le déroulement de l'événement que vous souhaitez vivre. De cette façon, il s'imposera à votre subconscient qui l'enregistrera comme étant l'objectif à atteindre.

Vous pouvez varier à l'infini le déroulement des faits en votre imagination.

• Comment vaincre la peur de l'accouchement

Bien des femmes éprouvent de la peur à l'idée de l'accouchement bien qu'elles seraient heureuses par ailleurs d'avoir un enfant. Quand elles réalisent qu'elles sont enceintes, elles réagissent parfois avec panique alors que le temps de leur grossesse pourrait-être le meilleur de leur vie.

Si vous êtes dans ce cas, rendez-vous à votre lieu de retraite mentale, et imaginez-vous après l'accouchement lorsque remplie de joie, vous recevez les voeux de votre mari et de votre famille. Vivez maintenant votre grossesse dans tous ses détails jusqu'à l'accouchement :

• votre mari et vous souhaitez ardemment un enfant

• vous apprenez la bonne nouvelle à votre mari à la suite de la visite médicale

• votre mari vous prend dans ses bras et se réjouit avec vous de l'heureux événement à venir

• « voyez » votre ventre s'arrondir

• vous vous rendez à la clinique parfaitement heureuse

• vous avez une jolie chambre que vous partagez avec une compagne agréable

• ensemble, vous attendez le moment d'accoucher et vous faites des tas de projets

• maintenant, le moment est venu d'accoucher. Vous « sentez » l'effort à fournir, mais vous ne ressentez aucune douleur

• enfin, l'enfant repose dans vos bras. Votre mari apparaît, un bouquet de roses rouges à la main et se réjouit avec vous.

Représentez-vous le déroulement de la situation plusieurs fois par jour au cours des trois mois précédant l'accouchement en utilisant la *technique des trois mois*. Variez les situations : imaginez-vous dans une chambre particulière parce que vous voulez donner libre cours à votre joie ; une autre fois, vous partagez une chambre parce que vous voulez bavarder. Vivez la naissance une fois à la clinique, une autre fois chez vous avec une sage-femme. Quelle que soit la situation que vous imaginez, voyez-vous toujours gaie et heureuse d'accoucher.

• Comment vaincre la peur de vieillir

La peur de la vieillesse et de la mort est depuis toujours en l'homme. Cette peur de l'inconnu est fortement ancrée en nous. Cependant, si vous imposez à votre subconscient une image positive de la vieillesse, la peur de la vieillesse ne vous tourmentera plus.

Si vous avez aujourd'hui quarante ans, « voyez-vous » à l'âge de soixante ans, sportif, en pleine forme, à peine changé. Si vous avez abandonné le sport, reprenez-le dès maintenant et vous serez à l'abri de bien des maladies.

Imaginez-vous en compagnie de jeunes ; vos réussites sportives forcent leur admiration, votre compagnie et votre conversation captivent leur intérêt.

Soignez votre apparence ; on peut-être bien à tout âge. Si à quarante ans vous vous trouvez un peu gros, imaginez-vous svelte à soixante. Sentez l'attention de votre partenaire. Vous êtes aimé. On recherche votre compagnie. On apprécie votre personne soignée, cultivée et discrète.

Grâce à cette image mentale de votre vieillesse, vous deviendrez, au fil des ans, la projection réelle du produit de votre imagination. Vous vieillirez bien sans trop penser à la fin de votre existence.

• Comment vaincre la peur de l'eau

Il y a quelques temps, une patiente rayonnante de santé et pleine d'activité vint me trouver. Elle n'avait qu'un seul problème : sa peur de l'eau.

Lorsqu'elle était enfant, elle était allée avec ses parents à l'île de Helgoland. A l'arrivée, la barque se renversa.

Parmi les passagers, se trouvait une autre petite fille qui, de crainte de se noyer, s'agrippa si fort à elle qu'elles faillirent se noyer toutes les deux.

Depuis cet incident, elle évitait l'eau. Elle n'avait jamais appris à nager. A la seule vue de l'eau, son humeur devenait maussade.

Elle assista à mes cours de psychocybernétique et sa phobie disparut. Elle a aujourd'hui soixante-huit ans. Elle a appris à nager et va à la piscine chaque semaine.

• Comment éviter la dépression après une opération

Une autre de mes patientes fut durement éprouvée il y a deux ans. A la suite d'un cancer, elle subit l'ablation d'un sein. Elle guérit mais le sentiment de n'être qu'« un être humain diminué » selon ses propres termes commença à s'installer. Elle devint dépressive son mari ne put le supporter et la quitta.

Elle sombra dans une dépression profonde et l'idée du suicide prit forme, lorsqu'une amie lui parla de mes cours.

Elle s'y rendit sans conviction, mais décida au moins d'essayer. De semaine en semaine, je la vis se transformer. Elle retrouva sa personnalité initiale.

Il y a maintenant un an de cela, son mari est revenu vivre avec elle. Il y a quelques semaines, j'ai appris la naissance de leur enfant.

La possibilité d'utiliser l'autosuggestion à l'aide de l'imagination, permet souvent de remédier à une situation désespérée. Quelquefois pourtant, même si on ne peut rien changer à une situation donnée, on peut changer la vue que l'on a des choses.

Je cite l'exemple suivant :

> vous êtes en voiture. Un véhicule venant à votre gauche vous coupe la priorité. Vous freinez brusquement afin d'éviter l'accident.

Dans ce cas, pensez que ce n'est pas la situation qui vous irrite, c'est vous qui vous irritez de la situation.

Plaignez plutôt l'autre conducteur et la raison qui l'a poussé à agir inconsidérément. Félicitez-vous d'avoir pu garder votre sang-froid et d'avoir eu le réflexe approprié pour éviter l'accident.

Parfois pourtant le meilleur réflexe ne suffit pas pour éviter l'accident. Une patiente revécut pendant douze ans un accident dans lequel son mari fut impliqué et où elle était passagère. Elle fut grièvement blessée et dû séjourner à l'hôpital, alors que son mari s'en sortit avec plus de peur que de mal.

Elle refusait depuis de monter dans une voiture.

L'accident a pourtant eu un effet heureux : Ne se déplaçant plus en voiture, elle a entrepris de faire de la marche dans son quartier et aux alentours et de ce fait jouit d'une meilleure santé.

Il y a un an, elle entendit parler de la psychocybernétique et s'est inscrite aux cours. Elle a vaincu sa peur. Elle a passé son permis et conduit chaque jour à l'école des enfants handicapés en minibus. La peur de l'accident a totalement disparu.

• Comment vaincre la peur de l'examen

Parmi mes patients, se trouvait un jeune homme très intelligent, désireux d'entreprendre une carrière de magistrat. Son handicap était qu'il ratait tous ses examens. La peur de l'examen lui nouait la gorge à tel point qu'il était incapable d'émettre la moindre idée. Nous sommes tous plus ou moins sujets au trac lors d'un examen. Certains en font une telle obsession qu'ils en demeurent comme paralysés, et ce qu'ils redoutent le plus se produit : ils échouent.

Le cas du jeune homme en question, était particulièrement critique, car nous étions un mardi et il ne lui restait que quatre jours pour tenter sa dernière chance à l'examen d'état, qui avait lieu le vendredi.

En ce court laps de temps, il apprit à maîtriser les techniques de l'imagination.

- Il s'imagina qu'il se rendait à l'examen parfaitement détendu

- Puis il se « vit » répondre en toute décontraction aux questions posées.

- Ensuite, il imagina sa réussite. Le directeur de la commission des examens le félicitait.

Ces images mentales positives s'installèrent profondément en son subconscient. J'étais moi-même assez anxieux au sujet du résultat de l'examen, et je me réjouis lorsque j'appris sa réussite quelques jours plus tard. Il me dit :

- « J'étais passablement tendu lors de l'examen mais, j'ai réussi ».

- Il n'est jamais trop tard, on peut vaincre une peur maladive en peu de jours ou tout au moins y remédier sensiblement en utilisant le temps imparti à bon escient.

Ne dites donc jamais :

- « Il est trop tard maintenant pour entreprendre quoi que ce soit ».

Croyez moi, il n'est jamais trop tard pour tenter votre chance.

COMMENT MAIGRIR GRÂCE A LA PSYCHOCYBERNÉTIQUE

Il existe d'innombrables méthodes pour maigrir. Elles ont toutes cependant un point commun : leur effet n'est que temporaire. Dès les premières semaines d'un régime strict, vous vous réjouissez de voir fondre vos kilos superflus, vous vous sentez léger et alerte, puis vient la désillusion, vous reprenez insensiblement du poids malgré votre régime.

Le docteur L. Kotkin, médecin, psychologue et diététicien l'a remarquablement démontré dans son ouvrage : « Mangez, et devenez mince » (Editions Jean Carpentier, O.G.P., Paris)

- Sans la coopération de votre subconscient, vous ne maigrirez pas. Pour quelles raisons ?

• Le « plan de construction » de notre corps est dépendant de notre subconscient.

Des cellules meurent à tout moment dans notre corps et sont remplacées par de nouvelles. Ce processus se déroule selon des règles bien précises. Le subconscient se fait une certaine image de l'aspect du corps qu'il habite, et il « construit » ce corps selon cette image.

Par exemple, si le « plan de construction » impose à votre subconscient l'image d'une personne trop grosse, vous resterez gros malgré vos efforts, car votre subconscient s'efforcera toujours de correspondre au « plan ».

Vous entreprenez un régime. Dans ce cas, votre subconscient dispose de moins en moins de « matériaux de construction ». Au début, il ne modifie en rien les fonctions organiques. Il puise les matériaux manquants dans les dépôts organiques ; les cellules graisseuses sont détruites, et vous maigrissez.

• Comment modifier le plan de construction donné au subconscient.

Si vous avez perdu quelques kilos grâce à un régime, votre subconscient automatiquement prendra note de la modification de votre aspect qu'il estime devoir conserver selon le plan donné. Aussi commencera-t-il par prendre des mesures d'économies. Afin de respecter le « plan de construction » initial, il ralentira les fonctions organiques en rapport à la réduction de nourriture.

Ainsi, vous accuserez la fatigue plus rapidement et vous deviendrez facilement frileux. Malgré votre régime, vous reprendrez du poids.

Je vais vous citer un exemple typique : celui de Mme Eléonore B., épouse d'un producteur de film célèbre.

Elle vint me trouver déséspérée. Elle avait toujours eu recours à des régimes pour rester mince. En dépit de ses efforts, ses jambes ne maigrissaient pas. Elle était cependant très belle et n'avait pas à craindre la concurrence des jeunes actrices auxquelles son mari avait à faire quotidiennement. Son point faible était ses jambes.

• Comment maigrir des jambes.

Je lui dis que si elle voulait maigrir, elle devait d'abord modifier l'image mentale de son aspect physique dans son subconscient.

Je lui recommandai l'utilisation des trois techniques suivantes :

- la technique de l'image mentale positive

- la technique de la fontaine de jouvence

- la technique des trois mois.

Elle devait commencer par visualiser son corps mince et porté par des jambes élégantes.

Ensuite, aider son imagination en observant une photo sur laquelle elle avait des jambes minces, ou une photo récente retouchée. Comme elle avait toujours eu des jambes fortes, elle opta pour cette seconde solution.

Huit mois après, je la rencontrai à une party d'anniversaire : mince et rayonnante. Elle avait appliqué les techniques préconisées. Elle n'avait pas obtenu de résultat pendant les premières semaines, mais elle avait persévéré. Après quelques mois, elle était mince, comme elle l'avait souhaité.

Voici quelques exemples d'application des différentes techniques, dans le cas de l'amaigrissement.

• La technique des tableaux :

• - Rendez-vous à votre lieu de détente mentale.

• - Sur le tableau noir, inscrivez les aliments que vous voulez éviter : chocolats, gâteaux, etc...

• - Sur le tableau blanc, écrivez les aliments que vous allez aimer à l'avenir : fruits, fromage blanc, etc...

• - Détruisez le tableau noir, des aliments qui vous font grossir, avec la force que peut vous donner le dégoût.

Retenez les aliments marqués sur le tableau blanc.

• La technique de l'image mentale positive.

• - Représentez-vous d'abord une image idéale de votre silhouette, soit à l'aide d'une photo ancienne, soit en retouchant une photo récente. Vous pouvez aussi recourir au montage-photo (encoller votre portrait sur un corps qui répond aux normes souhaitées).

• - Maintenant, observez cette image le temps de pouvoir la reproduire devant votre oeil mental sans en omettre le moindre détail.

Quand vous avez un moment de répit pendant votre travail, reprenez l'exercice. Fermez les yeux un instant, et « voyez » si vous pouvez distinguer clairement l'image idéale de votre silhouette.

• Le lieu de détente mentale

• - Chaque fois que vous vous rendez à votre lieu de détente mentale, « voyez vous » évoluer avec votre nouvel aspect.

• - Observez cette image avec bonheur et laissez-la agir le plus longtemps possible.

• - Voyez vous entreprendre des activités diverses, et évoluer dans différentes situations avec un corps svelte et souple.

• Emplissez vous d'un sentiment de gratitude envers votre corps

• - Représentez vous votre partenaire vous prendre dans ses bras et vous complimenter sur votre beauté.

• - « Entendez » vos amis admirer votre aspect transformé tout à son avantage.

• La technique de la fontaine de jouvence.

• - Rendez vous à votre lieu de détente mentale à l'endroit où vous avez placé votre fontaine de jouvence.

• - « Voyez vous » y entrer gros et en ressortir aminci comme vous le souhaitez. Retournez-y, mince cette fois et effacez à jamais votre ancien aspect physique de votre mémoire.

• - « Voyez vous » mincir bain après bain. Sentez comme vous êtes léger et souple. Vous pouvez maintenant vous consacrer à des activités qui vous sont actuellement proscrites ou qui vous sont difficiles d'entreprendre. Courez, sautez en votre lieu de détente. Profitez pleinement de cette merveilleuse sensation d'être soulagé de vos kilos superflus.

• La technique des trois mois.

Cette technique approfondit l'effet obtenu au moyen des précédentes.

Il vous a fallu plusieurs années pour grossir. Maintenant, quelques mois au moins seront nécessaires pour transformer votre silhouette selon vos désirs.

• Le secret de la silhouette idéale.

Ces techniques constituent le moyen de modeler votre silhouette selon vos désirs. Vous connaissez maintenant la relation de cause à effet et vous comprenez pourquoi vos efforts sont restés sans résultat. Utilisez ces nouvelles possibilités, qui donneront un autre aspect à votre vie. C'est ce que fit Rita, qui était notre employée de maison, dans l'exemple que nous allons voir.

• Le cas de Rita

Rita fut notre employée de maison pendant un an environ. Elle était constamment de mauvaise humeur. Bien sûr, elle était trop grosse pour ses vingt six ans, mais cela ne semblait pas la gêner.

Un jour, elle tomba amoureuse d'un jeune photographe avec qui elle alla danser deux ou trois fois. Puis, on ne le revit plus. Rita avait changé. Elle était à la mode et allait régulièrement chez le coiffeur. Mais ses efforts restaient vains apparemment, car elle passait ses soirées libres dans sa chambre, seule et triste, et sans désir d'entreprendre quoi que ce soit.

Un jour, elle me demanda si mes cours étaient aussi destinés à apprendre à maigrir. Je lui expliquai les techniques et lui conseillai d'y assister.

Rita était enthousiasmée. Rarement je n'ai eu une patiente aussi attentionnée. Emerveillée par les divers moyens offerts par la psychocybernétique, elle ne tarissait pas de questions. Apparemment, plaire au jeune homme était le motif qui la stimulait. Ses habitudes avaient changé. Elle avait même oublié sa boite de friandises.

Quelques semaines plus tard, les résultats se firent sentir : les premiers kilos avaient « fondus ». Elle dû reprendre ses vêtements. De plus sa mauvaise humeur s'était envolée, et elle était souriante au travail.

Nous suivions tous avec un peu d'appréhension la transformation de Rita. Nous voulions voir ses efforts couronnés de succès. Elle n'évoquait jamais le photographe, elle passait toutes ses soirées libres à l'extérieur.

Peu de temps après, elle nous surprit avec la bonne nouvelle suivante : elle avait fait la connaissance d'un écrivain célèbre chez une amie et pour tous deux, cela avait été le coup de foudre.

De temps en temps nous recevons de ses nouvelles du Tessin où elle vit heureuse avec son époux.

IL EST POSSIBLE DE VAINCRE LA STÉRILITÉ AU MOYEN DE LA PSYCHOCYBERNÉTIQUE

- On ne peut évidemment pas concevoir un enfant par le truchement de l'esprit.

• Au début est l'idée.

Et pourtant, un état d'esprit défavorable quant à la conception constitue un obstacle à la fécondité d'un couple même en bonne santé et désirant ardemment un enfant. Souvent, un couple longtemps sans enfant voit son désir se réaliser juste au moment où il a perdu tout espoir. Certains le mettront sur le compte du « hasard ». J'estime personnellement que le hasard n'existe pas. C'est nous-même qui par nos « pensées et nos dispositions face aux événements forgeons notre destin ». Les pensées sont la force la plus grande qui existe au monde.

• Toute pensée tend à se réaliser.

Nous sommes maître de nos pensées. Il nous suffit pour cela de les orienter selon nos désirs. En effet, toute pensée tend à se réaliser. Dirigée intensément vers le but à atteindre, elle tendra à se réaliser malgré tout obstacle. Et elle deviendra réalité.

• Toute pensée est comparable à une maison en construction.

Tout ce que nous entreprenons a été « pensé » auparavant, jusqu'à l'exécution du moindre de nos mouvements. Comme exemple, prenons le projet de construction d'une maison.

Le projet mûrit d'abord dans l'esprit de l'architecte. Puis ce dernier se fait une représentation de la maison qu'il projette sur papier sous forme de plan. La partie créatrice est terminée et la pensée a pris forme. La construction de la maison est en fait l'exécution de la pensée qui constitue l'origine de sa création.

Nous retrouvons ce processus dans tout ce que nous faisons même sans en avoir conscience.

Le désir de construire une maison ne suffit pas. Si la construction n'a pas été « pensée » au préalable, elle ne deviendra jamais réalité.

• Votre subconscient doit connaître votre désir.

Votre désir d'avoir un enfant, par exemple, sera réalisé à condition d'avoir un état d'esprit favorable.

Il est en notre pouvoir de créer cet état d'esprit.

• - Rendez-vous à votre lieu de détente mentale et imprégnez votre subconscient de votre désir.

• - « Voyez vous » promener le bébé, lui faire prendre son bain, l'habiller, le nourrir. Imaginez particulièrement le moment après la naissance, quand la sage-femme vous apporte le bébé et le met dans vos bras.

• - Ressentez ce sentiment merveilleux quand ce petit être repose dans vos bras.

• - « Voyez » votre époux arriver avec un gros bouquet de fleurs et se réjouir avec vous de la naissance.

• Des efforts psychiques communs augmentent le facteur de réussite.

Non seulement vous mais aussi votre mari doit se rendre en son lieu de détente mentale et penser à l'événement souhaité. Vos efforts réciproques augmenteront vos chances de réussite si vous pratiquez cet exercice pendant quelques mois, et que d'autre part, les conditions requises soient rassemblées, votre désir se réalisera.

Les exemples suivants vous montrent comment certains ont réalisé leur désir d'avoir un enfant grâce à la psychocybernétique.

- Le pasteur Sommer était marié depuis douze ans. Il se plaisait dans sa petite paroisse de campagne, mais son regret était de ne pas avoir d'enfant. Son épouse aussi en souffrait et ne manquait jamais une occasion de rassembler au presbytère les enfants du village. Elle aimait les enfants et avait toujours du temps et de l'attention pour celui qui venait lui raconter ses petits problèmes.

Ils s'étaient fait une raison de ne pouvoir avoir d'enfant. Aussi, ils adoptèrent un enfant prénommé Thomas qui leur donnait toute satisfaction. Quand Thomas eu quatre ans, ils entendirent parler de la psychocybernétique comme moyen de vaincre la stérilité en en recherchant les causes psychiques. Leur désir d'avoir un enfant à eux se réveilla.

Deux ans plus tard, Thomas allait à l'école et il avait une petite soeur.

• La stérilité est l'effet d'une inhibition de l'esprit.

La situation du couple LANGEN était tout à fait différente. Très jeunes, ils furent obligés de se marier malgré l'opposition de leurs parents. En effet, à la naissance de son premier enfant, Madame Langen était à peine âgée de dix-sept ans. Ils étaient mariés depuis cinq ans et étaient très heureux. Les deux familles toutes à la joie du bébé avaient depuis longtemps oublié leur mécontentement. Madame Langen aimait les enfants et en aurait bien souhaité un ou deux autres. Cependant son désir ne se réalisait pas. Les examens médicaux pourtant, sur elle et son mari, montraient que rien ne s'opposait à une nouvelle grossesse.

Désirant utiliser toutes les possibilités, madame Langen alla consulter un psychothérapeute. Ce dernier en vint à la conclusion suivante : la naissance précoce du premier enfant et le comportement des parents avaient causé un choc psychique, obstacle à une nouvelle grossesse.

La première grossesse avait été considérée comme la transgression d'un interdit profondément ancré dans le subconscient.

Le psychothérapeute avait certes décelé la cause du mal mais il ne trouvait pas de solution. C'est alors qu'une personne de leur connaissance leur parla de la psychocybernétique grâce à laquelle elle avait résolu son problème de poids et perdu neuf kilos. Ils apprirent qu'on peut ainsi développer sa personnalité, augmenter ses capacités d'études et d'attention et entre autres, vaincre la stérilité.

Après quatre mois de cours, un médecin lui confirma sa

grossesse. Il y a quelques semaines, j'ai appris la naissance de sa fille, Sabine.

• Un souhait renforcé a plus de chance de se réaliser.

Il est possible de sauver son mariage à l'aide de la psychocybernétique.

Monsieur Walther, un homme d'affaires avisé, avait transformé l'héritage en une entreprise florissante. Il était heureux en affaires, mais malheureux en ménage. Son premier mariage, parce que resté sans enfant, s'était soldé par un divorce. Son second mariage prenait la même tournure. Bien que la conduite de ses affaires lui laissait peu de temps pour sa vie privée, il était heureux avec sa femme. Depuis six mois cependant, il la délaissait pour une maîtresse.

Madame Walther connaissait depuis longtemps la psychocybernétique. Mais face à la situation, elle n'avait pas eu l'occasion d'en appliquer les techniques.

Puis vint le jour où son mari demanda le divorce. Dans son désespoir, elle se souvint des techniques et les appliqua plusieurs fois par jour avec intensité.

Le mariage est sauvé. Son mari s'était séparé d'elle. Cependant, quelques semaines plus tard, le couple se rencontra à la St Sylvestre. Et à nouveau quelques semaines plus tard, elle annonça à son mari qu'elle était enceinte. Il ne voulait pas le croire mais dut se rendre à l'évidence.

Plusieurs années ont passé. Le mari a depuis longtemps oublié sa maîtresse. Il n'a pas l'héritier tant espéré mais il est l'heureux père de trois filles : Andréa, Gabrielle et Désirée, qui lui donneront un jour six héritiers.

L'ÉNERGIE SEXUELLE

L'énergie sexuelle est la plus grande puissance à notre disposition. C'est une énergie potentielle sans cesse renouvelée. Selon certaines croyances ancestrales, la transformation de cette énergie joue un rôle primordial, en particulier dans le « Raja Yoga » ou yoga des rois. Il offre deux moyens d'augmenter l'énergie sexuelle :

- l'abstinence d'une part

- l'usage fréquent de la puissance sexuelle d'autre part.

• Comment un « Mantra » devient son propre potentiel énergétique.

Dans les deux cas cités ci-dessus, la transformation s'opère au moyen d'un Mantra, mot clé donné par un guru (ou maître à penser). Mon guru se servait du mot « Obidoref » ou « Klim ».

Seul un Mantra animé par un guru sera efficace. Selon un processus spirituel, il devient élément indissociable de son propre potentiel énergétique. C'est ainsi qu'il a le moyen de développer ses forces latentes.

L'énergie mentale ainsi obtenue peut-être transformée en :

- énergie vitale

- énergie mentale

- énergie spirituelle

Ces trois énergies nous permettent de concrétiser nos désirs :

- l'énergie vitale gouverne notre vouloir et notre pouvoir.

- l'énergie mentale gouverne notre faculté de penser

- l'énergie spirituelle nous fait prendre conscience du UN en un TOUT, c'est à dire la synthèse.

Avant de faire usage de ces trois énergies, il faut posséder la connaissance.

Ce qui est en Haut, ne doit jamais s'imposer à ce qui est en Bas, car cela est source de chaos et d'échec.

Ce qui est en Haut influera bénéfiquement sur nous à condition d'en avoir pleine connaissance et de l'intégrer en harmonie avec notre personnalité. Une puissance énergétique insufflée à un degré de développement spirituel insuffisant peut-être source de graves déséquilibres. En vertu de ces principes, un guru animera un Mantra seulement s'il est certain que la personne qui en fera usage possède la maturité spirituelle requise.

• Transformation de l'énergie au moyen de la « technique graduelle ».

Grâce à la psychocybernétique, il est possible de transformer l'énergie sexuelle en énergie spirituelle, indépendamment de la maturité spirituelle. Ce procédé est donc sans danger.

Avant d'entreprendre toute transformation, donnez une forme à l'énergie sexuelle en imagination. La forme donnée importe peu. Ce qui compte c'est que :

- Votre subconscient sache exactement à quoi vous pensez.

Au moyen de votre imagination, vous transposerez la notion d'énergie sexuelle inintelligible pour votre subconscient, et la lui rendrez intelligible au moyen d'une représentation claire.

- Vous pouvez maintenant commencer par transformer l'énergie sexuelle au moyen de la « technique graduelle » :

• Premier degré : le plexus solaire

Déplacez en pensée l'énergie sexuelle vers le plexus solaire, système nerveux sympathique de la région abdominale de chaque côté de l'aorte.

Je me représente personnellement l'énergie sexuelle sous la forme d'un liquide limpide. J'imagine que ce liquide pénètre par un canal situé dans ma colonne vertébrale et atteint le degré supérieur, en haut du plexus solaire. De cette façon, j'en ai une image extrêmement claire.

• Deuxième degré : la poitrine.

Faites monter l'énergie sexuelle vers la poitrine. Garder l'image mentale de ce mouvement le temps nécessaire à avoir la sensation que l'énergie est concentrée en cet endroit.

• Troisième degré : la gorge

Faites monter l'énergie sexuelle vers la gorge. Arrivé à ce stade, j'ai toujours l'impression d'avoir quelque chose en travers de la gorge.

La sensation est si forte qu'il m'est arrivé plusieurs fois de regarder ma gorge dans une glace pour voir si elle n'avait pas enflé. Ce n'était bien sûr pas le cas.

• Quatrième degré : la tête

Faites monter l'énergie sexuelle vers la tête. J'éprouve à ce stade une nette impression de fraîcheur, comme la sensation d'un liquide froid qui se répand dans ma tête. Au bout de quelques temps, ma gorge est libérée et l'énergie sexuelle se concentre dans ma tête. Le passage par ces degrés progressifs active la transformation de l'énergie sexuelle en énergie purement spirituelle.

Le degré de transformation est à la mesure de votre imagination de même que l'énergie spirituelle dont vous disposez est en rapport avec votre stade de maturité spirituelle, ce qui est le garant de l'harmonie de votre personnalité. En effet, il est tout à fait exclu que vous ne transformiez plus d'énergie que vous n'en disposez.

La transformation graduelle de l'énergie sexuelle en énergie spirituelle ne présente donc aucun danger. Il est bon de noter que vous augmenterez vos capacités de transformation d'énergie sexuelle par l'exercice et que votre maturité spirituelle évoluera. En conséquence vous disposerez d'une énergie spirituelle considérable pour mener à bien la réalisation de vos projets.

• Comment augmenter l'énergie sexuelle et remédier à la frigidité.

Le processus de transformation de l'énergie sexuelle en énergie spirituelle peut également avoir lieu dans l'autre sens. En commençant par le quatrième degré (la tête), vous transformerez l'énergie spirituelle en énergie sexuelle par l'imagination. Il a été constaté qu'une part infime d'énergie spirituelle suffit à libérer un potentiel sexuel considérable.

Cette technique graduelle prise à rebours met à votre disposition une énergie sexuelle considérable, à tel point qu'il est possible de la retransformer en énergie spirituelle.

COMMENT ÊTRE EN BONNE SANTÉ

Chacun de nous désire avoir la santé et évidemment la conserver. Pourtant peu de gens savent que nous sommes de nature faits pour être en bonne santé et que si nous ne faisons pas d'erreur, nous le resterons.

Vous-même, êtes-vous sûr d'avoir une notion exacte de ce qu'est la santé ? Il est vrai que se sentir bien, sans douleurs ou autres maux, c'est être sans conteste en bonne santé.

Ce concept mérite cependant d'être précisé.

• La santé c'est l'équilibre.

C'est d'abord vivre en harmonie avec soi-même, l'entourage et l'environnement. Toute perturbation porte atteinte au corps et à l'esprit. L'équilibre rétabli, la tranquillité d'esprit revient et la santé se rétablit.

• La maladie, perturbation de l'harmonie psychique

Si l'harmonie est détruite, le déséquilibre créé se manifeste sous forme de maladie organique. Une cause identique peut occasionner des troubles en diverses parties de l'organisme. Notre organisme en effet, peut-être comparé à une chaîne qui assure des fonctions interdépendantes. Le plus faible maillon a son importance.

La colère par exemple provoque chez certains des maux de tête, chez d'autres des maux d'estomac, chez d'autres encore des constipations ou des troubles rénaux.

Il est vain de vouloir calmer les maux de tête par un comprimé ou la constipation par un laxatif, si la cause psychique de la perturbation de l'harmonie n'est pas élucidée.

• La maladie, signal émis par notre corps

La maladie est un signal émis par notre corps. Nombre de gens ignorent ce signal et continuent à s'imaginer d'être en bonne santé. C'est une erreur dont les conséquences sont graves.

Tout conducteur sait que si le voyant du niveau d'huile s'allume, il est temps d'en rajouter. Il ne lui viendrait pas à l'idée de coller un papier sur le voyant afin d'ignorer le signal. Il sait que s'il continue à rouler dans ces conditions, c'est au risque de détériorer sérieusement le moteur.

• Ignorer le signal d'alarme est absolument déraisonnable.

Nous effectuons les réparations sur notre voiture alors que nous ignorons notre corps. La conséquence pourrait très bien être la maladie chronique !

En considérant que toute maladie est d'origine psychosomatique, nous sommes à même de pouvoir y remédier ; il nous suffit de rétablir l'équilibre psychique.

• Tu es ce que tu penses

Nous sommes maîtres de nos pensées ou du moins, nous pouvons le devenir. Par la pensée contrôlée, on peut éviter les perturbations psychiques facteurs de maladies. Dès l'instant où nous ne contrarions plus consciemment ou inconsciemment notre équilibre psychique, nous retrouvons et conservons la santé. Pour garder ce bien inestimable qu'est la santé, il nous suffit de ne pas commettre d'erreur.

• Nous sommes responsables.

Cependant, je respecte les mérites du médecin qui s'ingénie à rendre la santé. Nous sommes d'abord responsables de notre état. Conscients du pouvoir de nos pensées, nous avons les moyens de collaborer.

• L'art de bien penser

Avant de solliciter les ressources de votre esprit, une certaine disposition s'impose, comme pour la méditation et le training autogène, il faut commencer par bien vous détendre.

• Comment se détendre en vue de cette préparation

- Trouvez-vous une pièce calme où vous êtes sûr de ne pas être dérangé. Que vous soyez assis ou couché, mettez-vous à l'aise : ouvrez le bouton du col de votre chemise, dénouez votre cravate et votre ceinture.

- Fermez les yeux et détendez-vous complètement.

- Concentrez vos pensées sur vos pieds et vos jambes, ressentez distinctement comme vos pieds et vos jambes se décontractent. Votre respiration est calme et régulière.

- A chaque expiration, abandonnez-vous de plus en plus à cette merveilleuse sensation de détente.

- Vos pieds et vos jambes sont souples et parfaitement détendus.

- Concentrez-vous maintenant sur vos bras et sur vos mains. Sentez-les se décontracter de plus en plus. Plus ils se détendent, plus ils s'alourdissent.

- Vos pieds et vos jambes sont tout à fait souples, décontractés et lourds.

- Vous ressentez une fatigue agréable. Vos paupières s'alourdissent de plus en plus... de plus en plus... Maintenant, vos yeux se ferment.

- Décontractez les muscles situés autour des yeux et de la bouche. Sentez votre visage se détendre.

- A présent votre corps tout entier est parfaitement détendu.

- A chaque mouvement respiratoire, ressentez distinctement comme vous sombrez de plus en plus dans cette agréable sensation de quiétude et de détente. Abandonnez-vous à cette sensation de bien-être.

• Comment se concentrer sur les pensées à formuler.

- En cette quiétude profonde et bienfaisante, concentrez-vous sur l'image mentale des pensées à formuler.

- Fixez votre attention sur cette image mentale et refusez toute autre pensée.

- C'est en cet état de calme et de détente que vos pensées et les images mentales correspondantes pénètreront facilement et profondément en votre subconscient.

Vos pensées positives et leur représentation deviennent partie intégrante de votre personnalité, soutenues par la force de votre subconscient, elles se réaliseront.

• Un déséquilibre intérieur est à la source de tout mal

Sachez que la cause profonde de tout mal vient d'un déséquilibre intérieur, et que vous avez le pouvoir, par le contrôle de votre pensée, de rétablir cet équilibre. Servez-vous de ce pouvoir et vivez en harmonie et en bonne santé grâce à la force des pensées positives. Réjouissez-vous d'être en possession de ce don.

• Toute bonne action porte en elle-même sa récompense.

Soyez indulgent avec votre entourage. Prenez part à leurs soucis et à leurs besoins. Oubliez parfois vos propres problèmes et aidez les autres suivant vos possibilités. Vous constaterez avec étonnement que vous aurez aussi résolu vos problèmes, et vous reconnaitrez que toute bonne action porte en elle-même sa récompense. En effet, toute bonne action libère des forces positives favorables à celui qui la suscite. Appliquée à bon escient, cette théorie est source de bonheur et de santé.

Tant que vous centrerez votre attention sur vos maux et vos problèmes, ils resteront présents. C'est seulement lorsque vous porterez un regard objectif sur la maladie et la verrez telle qu'elle est, c'est à dire comme une perturbation de votre équilibre intérieur, que la force de la pensée de l'harmonie intérieure suffit pour que cette évocation se réalise. Le mal disparaît alors de lui-même.

• Le but à atteindre

Ne montrez pas à votre subconscient la voie à suivre ; imposez-lui directement le but à atteindre. Il développera alors toute la force de cette pensée pour réaliser l'objectif.

Malgré les maux d'une maladie, concentrez-vous sur votre santé car tant que vous vous concentrerez sur votre maladie, il vous sera difficile de guérir. « Voyez vous » déjà guéri et faites des projets . Vous guérirez d'autant plus vite. En fait, vous serez déjà guéri.

• Des personnages célèbres en témoignent

Si vous doutez du pouvoir de la pensée, souvenez-vous des paroles du célèbre astronome britannique Sir James Jean qui a écrit il y a quelques années :

- « Le courant de la connaissance humaine converge fatalement vers une réalité abstraite : l'univers ressemble de plus en plus à une pensée considérable qu'à une puissante machine. L'esprit n'est plus considéré comme intrus dans le domaine de la matière. Le fait de reconnaître la pensée comme créateur et générateur de la matière, s'insinue insensiblement sous forme de conviction en notre esprit.

La Bible rapporte que Jésus demandait toujours s'il avait la foi à tout malade qui sollicitait sa guérison. A chaque miraculé reconnaissant, Jésus disait : « Ta foi t'a sauvé ».

Jésus appliquait déjà les principes de l'auto-guérison par l'esprit.

• On récolte ce qu'on a semé.

Nombre de gens mettent leurs maux sur le compte de la fatalité. Ils ignorent que nous sommes maîtres de notre destin. Nos pensées, en fait, sont notre destin. Nous récoltons ce que nous avons semé en pensées dans le passé et nous l'appelons « destin ». Commençons donc par « semer » aujourd'hui le bonheur que nous voulons récolter demain.

Il nous faut garder à l'esprit que nos pensées sont notre destin. Certains commettent une autre grave erreur. Ils oublient que la vie se déroule dans le moment présent. Qui ne connaît le personnage tragique de l'actrice vieillissante qui passe son temps à revivre la gloire de son passé ? Le présent et l'avenir l'indiffèrent. Vivre centré exclusivement sur l'avenir constitue également une erreur.

• Le fatal : « Quand j'aurai fait ceci ».

Beaucoup d'entre nous se sont dit :

« Mes études terminées, ma vie commencera », et les études terminées, « quand je gagnerai beaucoup d'argent, je pourrai profiter de la vie ».

Marié, père de famille et propriétaire d'une maison, ils se sont dit « Je profiterai enfin de la vie quand mes enfants seront élevés et ma maison payée ».

Puis vient le jour où les enfants partent vivre leur propre vie. La maison est payée. Et maintenant ?... Ils ont vieilli et leur vie a passé. Ce qu'ils ont continuellement laissé passer a été leur vie et leurs pensées ont été réalisées. Leur vie a passé sans qu'ils l'aient vécue.

Par conséquent, si vous ne voulez pas agir de même et rater votre vie, ayez toujours la pensée suivante : « Je vis aujourd'hui ici et maintenant ».

Les pensées négatives font parties d'habitudes dont il est difficile de se départir. Y renoncer est pourtant le seul moyen de vaincre la maladie, l'échec et l'insatisfaction.

• Comment forger votre destin à l'image de vos pensées positives.

Forgez votre destin à l'aide de pensées positives. Réjouissez-vous comme le paysan à l'idée d'une bonne récolte car tout comme lui, vous connaissez la qualité de votre semence et vous savez ce que vous allez obtenir dans cette perspective, chaque jour qui passe sera une fête.

L'expérience suivante montre le pouvoir de nos pensées positives. Elle fut réalisée par l'Ecole de Médecine de Vienne au moyen de médicaments placebo (Voir le livre « Les mains qui guérissent » de J.P. Schöler, Editions Schwab Gelnhausen).

- Les professeurs Joseph Skoda et Léopold Dittel partagèrent, en deux groupes, des patients de l'hôpital de Vienne. Le premier groupe fut soigné au moyen de placebos. Le second continua à prendre les médicaments habituels. Après un an d'expérience, ils constatèrent avec étonnement que les résultats obtenus étaient identiques. Forts de cette expérience, ils en tirèrent la conclusion suivante :

Nous portons en nous-même les facteurs de guérison.

En tant que médecins, nous établissons des diagnostics ; nous pouvons combattre une maladie dans son développement, nous pouvons soulager le malade, mais nous n'avons pas le pouvoir de le guérir.

La guérison du mal, est en la nature humaine. N'oublions pas que le fait de mener une vie saine aide considérablement la nature.

Je voudrais vous assurer qu'il n'est pas dans mon intention pour vous de penser que l'on peut impunément pécher contre la raison. Je veux seulement vous faire comprendre qu'il est important de « bien penser » en toute situation.

On ne peut mener une vie déréglée et penser raisonnablement en même temps. Parallèlement à une pensée raisonnable, il est donc important de mener une vie saine.

• Comment éviter les excès

N'offrez pas prise aux pensées négatives. Ayez une nourriture saine. Ne restez pas plus longtemps que nécessaire dans une atmosphère viciée. Faites en sorte d'avoir suffisamment d'exercice et laissez de temps en temps votre voiture au garage pour faire de la marche. Faites une promenade en fin de semaine et laissez-vous aller à une fatigue naturelle qui favorisera un sommeil réparateur.

- Pensez qu'une seule cigarette écourte votre vie de sept minutes et réduisez l'absorption d'alcool.

- Trop exiger de votre organisme autant que trop le ménager lui porte préjudice. Respectez donc un juste milieu.

- Ne vous en remettez pas exclusivement au pouvoir de vos pensées positives pour garder votre corps en bonne santé. Soutenez leurs effets en observant une bonne hygiène de vie.

• Vivez en accord avec la nature

Les peuples primitifs vivent dans la nature et en accord avec elle, sans mesure d'hygiène élémentaire et ignorent les bactéries, facteurs de maladies. Et pourtant, ils vivent quasiment épargnés par les maladies et autres maux qui nous affligent. A moins d'un accident, ils atteignent généralement un grand âge et meurent naturellement de vieillesse.

• L'étonnement des hommes civilisés.

Les peuples primitifs semblent conserver sans difficulté le bien le plus précieux de l'homme : la santé. Par contre, l'homme civilisé conserve la sienne au prix des artifices de la médecine. De surcroît, il impute ses maladies au destin : telles que grippe, rhumatisme, cancer.

La plupart croient à un Créateur, lui-même parfait qui les a créés à son image. Penser que ce Créateur, malgré son amour illimité, et sa bonté, envoie ces calamités, n'est-ce pas là un blasphème à son égard.

• La perfection en accord avec les lois de la nature.

Dieu en nous créant nous a voulu parfaits et vivant heureux en accord avec les lois de l'harmonie cosmique. Cette perfection nous laisse aussi la liberté de choix. Si nous décidons d'agir contre les lois de la nature, il en résultera un déséquilibre.

• L'enseignement d'Hippocrate

Hippocrate déjà a énoncé l'idée que :

La maladie nous vient non des facteurs extérieurs mais résulte de notre mauvais comportement.

Un changement de ce comportement rétablira l'équilibre et la santé. Dans le cas de certaines maladies, la médecine moderne est de cet avis.

• L'exemple de Napoléon

Je ne réfute absolument pas le rôle des bactéries dans une maladie. Je me refuse seulement de croire qu'elles sont la seule cause du mal.

Laissez-moi vous citer l'exemple de Napoléon qui rendait visite à ses soldats atteints de la peste sans la contracter pour autant. Il savait qu'il n'en serait pas atteint et cette assurance lui conservait la santé.

• Des millions de facteurs de maladie nous entourent.

Nous sommes exposés continuellement à des millions de bactéries et autres facteurs de maladie. Mais, si en dépit de cet environnement nous sommes rarement malade, il faut admettre l'existence d'un facteur immunisant : la perfection de la nature humaine qui utilise la maladie comme signal d'alarme en cas de trouble de l'équilibre psychique. Si ce n'était le cas, nous ne pourrions pas survivre dans notre environnement.

La médecine a vaincu la plupart des maladies. Pensons à Koch, Pasteur, Semmelweis. Mais avons-nous conquis la santé ?

Au contraire, nous sommes plus fragiles que nos ancêtres non vaccinés contre les maladies. Leur organisme combattait au moyen de ses ressources naturelles.

• La pérennité de la maladie.

La maladie existe toujours. Comment l'expliquer ? Le déséquilibre psychique est souvent à l'origine de maladies organiques. Lorsque la médecine vaint à une maladie, elle prive l'organisme de son signal d'alarme d'une perturbation, mais ce signal sera émis sous une autre forme de maladie.

Tant que nous ne vivrons pas en harmonie avec nous-même, notre entourage et notre environnement, nous serons sujet à la maladie.

Dans ce livre, vous relèverez parfois des opinions en contradiction avec celles de la médecine actuelle. Mon but est seulement de vous aider à interpréter et d'éviter de commettre des erreurs. Loin de moi l'intention de vous convaincre que les crottes de cheval sont des pommes délicieuses ! Pourtant, si les mouches s'y rassemblent c'est qu'elles y trouvent du plaisir.

Je voudrais vous faire comprendre par là, que même si des millions de gens sont dans l'erreur, ce n'est pas une raison d'en faire une vérité.

• Je ne vous impose pas de dogme, seulement une matière à réflexion.

Mes convictions se sont raffermies au cours de mes années d'expérience. Je n'ai nulle intention de vous les imposer. Je veux seulement vous inciter à réflechir. Libre à vous de suivre mes conseils ou de les ignorer ! C'est le désir de vous aider à trouver votre propre voie qui m'a motivé à écrire ce livre.

• L'exercice anti-stress.

Voici un exemple :

Une ambulance s'arrête au 10, rue du Parc. On y transporte Monsieur Bertram avec précaution : Infarctus du myocarde. Le médecin de service lui donne les premiers soins pendant que l'hôpital l'attend en service de réanimation. Il y reste quelques semaines avant de rentrer chez lui.

• L'accumulation des facteurs de stress.

Comment M. Bertram en était-il arrivé là ?

- Mr Bertram était chef de département dans une société internationale de produits alimentaires, c'était un collaborateur de valeur. Depuis quelques semaines, l'entreprise lui avait confié la direction d'une filiale dans le sud de l'Allemagne (Premier facteur de stress).

- Il dût déménager et acheter une maison à proximité de son lieu de travail. (Second facteur de stress).

- Au cours du déménagement, sa voiture fut accidentée devant sa maison (Troisième facteur de stress).

- Bien qu'étant dans son droit, les débats avec l'assurance, la police et l'autre conducteur lui coûtèrent du temps et des ennuis supplémentaires. Il se mit à fumer davantage. (Quatrième facteur de stress).

Sur ces entrefaites, l'ancien directeur de la filiale démissionna, ce qui obligea Mr Bertram à reprendre le poste immédiatement (Cinquième facteur de stress).

Accablé par cette série d'événements, il subit un infarctus.

• Définition du stress.

Si un clou dépasse à l'intérieur de votre chaussure, votre organisme réagit à cette agression localisée par une inflammation.

Les tissus agressés envoient un signal dans le sang, qui par l'intermédiaire de l'hypophyse libère une hormone anti-inflammatoire (A.C.T.H.). Les capsules surrénales envoient également des hormones anti-inflammatoires (cortisone etc...)

Cette agression, si bénine et localisée soit-elle, ébranle

l'organisme. Si l'organisme dans son ensemble est soumis au stress, sa tendance naturelle à l'auto-guérison n'est plus à la hauteur de l'effort sollicité, et le choc se produit.

• Les réactions physiques et psychiques au stress.

Pour réagir contre le stress, l'organisme mobilise des forces physiques et psychiques. Un stress physique pourra se manifester par un surmenage. Un stress psychique par une maladie organique.

Tout type de stress perturbe l'équilibre et affecte la santé.

• La surcharge de l'organisme affaiblit sa résistance.

Si votre santé est mauvaise, la tendance à l'auto-guérison de l'organisme rétablira l'équilibre. Si cependant, des ennuis multiples viennent s'ajouter, la maladie finira par s'établir. Une surcharge continuelle de l'organisme affaiblit sa résistance et nous installe dans un état où nous ne sommes jamais tout à fait bien, jamais tout à fait malade. Nous sommes constamment irrité, fatigué, et nous souffrons d'insomnies.

Un seul remède contre le stress : le repos complet et prolongé. Si le repos est trop court, le stress non éliminé s'ajoutera au suivant. Dans ce cas, l'organisme capitule. Cette surcharge se solde parfois par un infarctus.

• L'inaction affaiblit la faculté d'adaptation.

L'inaction est tout aussi nuisible à l'organisme. Un individu élevé dans l'inaction oublie toute faculté d'adaptation. Pour lui, la moindre surcharge devient surmenage. Ceci est particulièrement vrai dans le cas d'inactivité physique.

Le propre de notre corps est la capacité de se mouvoir. L'immobilité perturbe la circulation, les fonctions digestives etc.. Nous ne sommes pas assez actif et nous développons ce qu'on nomme des maladies de civilisation, telles que troubles circulatoires et faiblesse des muscles cardiaques.

Nous en concluons que l'inaction est également facteur de stress.

• Comment se protéger du stress.

Des temps de pauses sont indispensables.

Un certain degré de stress peut certes stimuler les capacités d'auto-guérison. Mais il est primordial, voire même vital, de débarrasser l'organisme d'un stress permanent. Il faut donc savoir, face au rythme de vie actuel, lui ménager des temps de repos nécessaires à sa reconstitution.

• La méditation courte

Utilisez la technique du compte à rebours de 7 à 1 avec leurs couleurs respectives.

- A chaque mouvement respiratoire, descendez d'un chiffre. Au chiffre 1, vous vous trouverez en votre lieu de détente mentale.

Là, une minute de détente suffira pour vous reconstituer, sachant que le subconscient n'a qu'une notion relative du temps.

• Comment se détendre en une minute.

Le procédé de détente pendant une minute, assure un repos équivalent à un sommeil de deux heures. En état de détente, vous devez vous suggérer les phrases suivantes.

- « Je m'abandonne à cette agréable sensation de détente ».

- « Après une minute écoulée, je compterai de 1 à 7. Au chiffre 7, je quitterai mon lieu de détente mentale et je serai reposé comme si j'avais dormi profondément pendant deux heures ».

N'ayant aucune notion du temps, votre subconscient exécutera cet ordre à condition que vous-même soyez convaincu de la réalisation effective de cette suggestion. Si vous avez un doute, ou même si vous pensez « Je peux toujours essayer », elle n'aura pas ou peu d'effet.

• L'hygiène de l'esprit.

Plusieurs fois par jour, exercez-vous à la méditation courte. Elle vous donnera une hygiène de l'esprit propre à neutraliser le surmenage psychique.

L'hygiène de l'esprit est une nécessité vitale. Nous soignons notre corps, nous nous lavons tous les jours, nous changeons de vêtements, mais nous ne préparons pas notre esprit à soutenir le flot des informations actuelles.

Et pourtant, nous sommes maîtres de nos pensées. Il n'en tient qu'à nous d'avoir des pensées positives ou négatives.

Habituez-vous donc à considérer en chaque chose le côté positif.

Votre vie en sera plus heureuse. Nous avons tendance à nous créer des soucis, comme si nous allions vivre mille ans.

Cultivons plutôt l'humour du coeur qui nous aide à sourire des situations, de nos frères et de nous même, et nous élève au-dessus des mesquineries.

L'HYGIÈNE DE L'ESPRIT : MOYEN DE CONSERVER SA SANTÉ PSYCHIQUE

• L'enfant trop couvé.

Bianca était un enfant à problèmes, sans appétit et toujours malade. Malgré l'attention constante de ses parents. Plusieurs fois par nuit, sa mère se levait pour la couvrir de peur qu'elle ne prenne froid. Son père lui apportait presque tous les jours un nouveau jouet, qu'elle délaissait après quelques minutes. Rien ne semblait l'intéresser. Elle jouait rarement avec les autres enfants. Sinon, elle venait à tout instant pleurer auprès de sa mère. Soit elle s'était fait mal, soit les enfants avaient été « méchants avec elle ».

• Des soucis constants favorisent une situation redoutée.

Ses parents étaient désésperés. Malgré leurs soins, Bianca devenait toujours plus difficile. Ils assistèrent à mes cours de psychocybernétique. Ils y apprirent que le fait de se faire continuellement des soucis agit comme un aimant qui attire les catastrophes. C'est l'effet contraire de la technique de l'image mentale positive. A force de s'imaginer sans cesse une situation redoutée, celle-ci finit par devenir réalité.

Les parents de Bianca avaient entretenu cette erreur pendant des années. Le fait qu'ils l'avaient reconnue leur offrait le moyen de la corriger.

Un an a passé. Bianca est une enfant heureuse avec qui les autres aiment jouer. Je la vois presque tous les jours et je suis témoin du changement qui s'est opéré. Bianca n'est plus du tout malade !

• Les techniques et leur effet.

Tous les soirs, vous revoyez mentalement les événements de la journée, et faites votre auto-critique. C'est en pensées que vous pourrez commencer à modifier une attitude qui ne vous satisfait pas. Représentez-vous clairement l'image mentale positive et imprégnez-vous en avec un sentiment de joie. Lorsque votre comportement ne correspond pas à vos désirs, vous en prendrez alors conscience immédiatement. Vous aurez de plus en plus la possibilité de changer cette attitude en pensées et avec succès.

• Toute pensée est réalité pour le subconscient.

Votre subconscient ne fait pas la différence entre le réel et l'irréel. Tout événement pensé est pour lui réalité. Un événement visualisé positivement vous oblige donc à adopter le comportement positif conforme. Ce changement de comportement va s'intégrer à votre insu à votre personnalité et vous finirez par vous y conformer.

• Les oppressions psychiques

Evitez que les événements marquants ou tristes s'incrustent sous forme d'oppressions psychiques qui subsistent indépendamment de votre volonté. Ceci est valable en particulier pour la télévision.

Par exemple, vous suivez un film policier passionnant à la télévision, dans lequel se produit un meurtre. Votre conscient l'interprète comme pure fiction. Votre subconscient le retient comme réalité à retravailler et le restituera sous forme de cauchemar.

Parfois des difficultés arrivent en cascade et le subconscient débordé n'arrive plus à les assimiler. Dans ce cas, venez lui en aide au moyen d'une hygiène de l'esprit consciente.

Le résultat est probant dans tous les cas. Vous vous sentez libéré et dynamique, votre énergie n'étant plus accaparée par des oppressions. Vos insomnies chroniques auront disparu, et votre entourage remarquera votre assurance et votre confiance en vous-même.

Nous ne subissons pas fatalement notre destin. On peut le modifier au moyen de la technique de l'image mentale positive et de l'hygiène mentale dès lors qu'on prend conscience et qu'on met à profit le pouvoir et les effets illimités des pensées.

• Il suffit d'aimer.

La pensée a deux effets. D'une part, elle agit vers l'extérieur. D'autre part, elle agit vers l'intérieur. Celui qui déteste les autres ne sera pas aimé. Celui qui aime sera gai et heureux. L'amour est le seul bien que l'on puisse distribuer : plus nous en donnons, plus nous en recevons en retour.

• Un test sur les plantes qui prouve la force de la pensée.

L'expérience suivante prouve la force de la pensée.

- Achetez deux plantes identiques. Plantez-les dans deux pots semblables remplis de la même terre. Placez-les à un mètre de distance. Accordez-leur les mêmes soins, empreints d'amour pour l'une, de répulsion pour l'autre.

- Deux fois par jour, concentrez-vous cinq minutes sur chaque plante. A l'une, émettez un fluide de sympathie, à l'autre un fluide d'antipathie. Imaginez-vous détruire la plante exécrée et souhaiter que la plante aimée s'épanouisse.

Au bout d'une semaine vous constaterez déjà une différence entre les deux plantes. Après trois semaines, l'une sera magnifique, l'autre sera morte.

• Comment transformer par la pensée des événements négatifs en événements positifs.

Certains dirigent cette force destructrice sur eux-mêmes à leur insu par la représentation d'une image mentale négative et se rendent malades et malheureux. Nous connaissons tous des gens qui n'ont pas de chance et dont toutes les entreprises semblent vouées à l'échec.

A un moment de leur vie, ils ont pu effectivement avoir subi un échec. Ce coup de malchance, profondément ancré en leur subconscient, les fait croire à l'échec avant même d'avoir entrepris quoique ce soit. Ainsi programmé, l'échec est assuré. Ils sont persuadés qu'il est dans leur nature de n'avoir pas de chance.

De même qu'on peut conditionner sa malchance, on peut aussi programmer sa chance. Transformez par la pensée vos expériences négatives en événements positifs et le résultat est assuré. On apprécie la compagnie de gens gais et dynamiques. Efforcez-vous de devenir cette personne. Vous y réussirez lorsque vous saurez comment vivre en paix avec vous-même et avec votre entourage au moyen de vos pensées positives et de l'hygiène mentale.

5

COMMENT SE DÉBARRASSER DES DROGUES

• Comment arrêter de fumer.

Quelqu'un m'a dit un jour : « Il est facile d'arrêter de fumer. Je l'ai déjà fait cent fois !».

Je pourrais attribuer ces paroles à nombre de mes patients qui entreprennent continuellement d'arrêter de fumer, mais dont la bonne volonté fléchit après quelques jours sous l'effet de circonstances telles qu'une conférence à donner ou autre situation de stress.

Un cas typique.

• Comment se programmer pour ne plus fumer.

Monsieur, directeur commercial d'une société importante à Düsseldorf, avait essayé de nombreuses fois en vain de ne plus fumer. Son état devint critique. Il dut subir une opération délicate au cours de laquelle on dut lui enlever une partie de l'estomac. Il lui était interdit de fumer, sous peine de complications qui mettraient sa vie en danger. Mais il ne pouvait maîtriser son envie de fumer.

Il me fit appeler à l'hôpital, me disant qu'il s'était remis à fumer aussitôt après l'opération. Il fallait bloquer ce besoin tyranique de fumer au moyen de l'hypnose, mais les douleurs l'empêchaient de se mettre en état de relaxation. Le médecin lui administra une piqûre calmante et je pus opérer.

Sorti de l'hôpital, il assista à mes cours de psychocybernétique, et apprit comment se conditionner pour arrêter de fumer.

• Comment devient-on fumeur ?

Un système de défense naturel

Vous souvenez-vous de votre première cigarette ? Que vous ayez eu dix huit ans, quinze ans, ou douze ans, ce ne fut pas tout à fait une volupté ! Vous toussiez, les yeux larmoyants, vous aviez mal à l'estomac. Ce sont là de simples réactions de l'organisme dont le système de défense réagit contre la nicotine.

Chacun de nous a au moins essayé de fumer une cigarette et ressenti les effets cités ci-dessus. Certains sont restés des non-fumeurs. D'autres par contre, les premiers effets oubliés, y ont trouvé du plaisir. L'émulation aidant, le tabagisme s'est installé.

• Le fumeur occasionnel et le fumeur invétéré.

L'usage de la cigarette neutralise les moyens de défense de l'organisme et le corps s'habitue à la nicotine. C'est d'abord une satisfaction, puis, avec l'habitude, l'organisme en vient à éprouver un besoin impérieux de nicotine. L'individu est drogué avant d'avoir pu réagir. Pour le fumeur qui ne ressent pas ce besoin impérieux, il est relativement facile de renoncer au tabac, même s'il fume dix à vingt cigarettes par jour. Par contre, le vrai fumeur, « drogué » à son insu, ne peut renoncer à la cigarette ; son corps a besoin de la stimulation apportée par la nicotine. Son état relève de la toxicomanie.

• Les raisons de fumer.

Nous nous souvenons tous de notre première cigarette : un ami fumeur nous offre une cigarette que la curiosité nous pousse à accepter. Nous ne voulons pas avouer que nous n'aimons pas nos premières cigarettes, mais nous persévérons jusqu'à ce que nous nous y habituions. Peut-être aussi voulons-nous prouver que nous sommes devenu adulte.

• La nicotine, calmant ou stimulant.

Adulte, nous continuons à fumer. Nous en connaissons les dangers : cancer du poumon, angine de poitrine, jambes en coton. Et pourtant, ça ne suffit pas à nous empêcher de fumer et ne nous incite pas à réduire notre consommation, bien au contraire. Nous sommes continuellement stressés et la nicotine est un calmant - du moins de courte durée.

Qui de nous, sorti indemne d'un léger accident de voiture n'a pas allumé une cigarette pour se calmer ? D'autres fument une cigarette avant de passer un examen, pour oublier l'inquiétude de l'attente et pour calmer leurs nerfs.

La nicotine agit aussi comme stimulant. Ceux qui doivent rester éveillés et actifs la nuit savent bien comment une cigarette va les aider à surmonter « le coup de pompe ». Cependant, le prix payé est trop élevé pour une stimulation minime et limitée. Bien sûr, il y aura toujours le grand-père de quatre vingts ans qui a fumé toute sa vie durant et qui est resté en bonne santé. Mais c'est une exception.

Certains semblent immunisés contre ce poison qu'est la nicotine. Mais pouvez-vous espérer être parmi ces exceptions ? Il faudrait la conjonction extraordinaire de facteurs héréditaires et d'un environnement extrêmement favorables qui vous permettent de jouir d'une santé à toute épreuve - et de la conserver malgré la nicotine. Ces conditions existent rarement actuellement.

Il existe un type de cigarettes sans nicotine, mais l'absorption du goudron qu'elles contiennent est également nuisible à la santé, et on ne sait pas en quelle quantité cette substance pénètre dans l'organisme.

• Les dangers de la cigarette.

Si en trente ans, vous fumez dix cigarettes par jour, vous aurez produit cinq kilos de goudron dont une grande partie fixée sur vos poumons. La fondation américaine sur le cancer a établi que :

- sur 180.000 fumeurs entre cinquante et soixante quinze ans, le taux de mortalité par cancer du poumon est *quatre fois plus élevé* que pour les non-fumeurs.

Voici les statistiques de mortalité sur un nombre de 100.000 personnes :

- cancer du poumon : 415

- non-fumeurs morts de cette maladie : 3

- cinq cigarettes par jour : 51

- 20 cigarettes par jour : 144

- plus de 20 cigarettes par jour : 217

Statistiques tirées du Livre : « Comment j'ai arrêté de fumer » de Max Henke, éditions Bruno Wilkens, Hannovre.

Me référant aux données ci-dessus, je m'étonne que le tabagisme soit même autorisé. Tout être raisonnable devrait prendre la décision de ne plus fumer. Mais comment s'y prendre ?

• Comment faire pour arrêter de fumer.

Le premier pas, c'est votre décision d'arrêter de fumer.

Prenez d'abord la décision d'arrêter de fumer. Cette décision est la première étape. Dès que vous aurez en vous le profond désir de ne plus fumer, vous y arriverez. Nous allons vous donner pour cela des « trucs » que vous expérimenterez vous-même au calme.

• Trente règles d'or pour vous aider à devenir un non-fumeur.

Prenez l'habitude de sucer un bonbon alcalin dès que le besoin d'une cigarette se fait sentir. Vous en trouverez en pharmacie. La substance qu'ils contiennent empêche la formation d'ulcères à l'estomac et aide à leur guérison.

Voici maintenant trente règles destinées à changer vos habitudes

1 - Ne fumez plus au lit, ni le matin, ni le soir.
2 - Fumez votre première cigarette après avoir pris votre déjeuner.
3 - N'achetez plus vos paquets par cartouche.
3 - N'achetez plus votre marque préférée. Achetez-en plutôt une que vous n'aimez pas particulièrement.
5 - Ne fumez que des cigarettes à bout filtre.
6 - Ne laissez pas le paquet à portée de main. Rangez-le à chaque fois.
8 - Si vous êtes à cours de cigarettes, attendez de pouvoir aller vous en acheter. N'en demandez surtout pas à vos collègues.
9 - Si votre paquet est vide, achetez une autre marque.
10 - Ne fumez plus dans la rue.
11 - Ne trompez plus votre faim en fumant. Mangez plutôt un fruit ou sucez un bonbon alcalin.
12 - N'aspirez qu'une seule bouffée et reposez votre cigarette sur le cendrier.
13 - Ne fumez plus en attendant de vous mettre à table.
14 - Ne fumez plus que la moitié d'une cigarette.
15 - Si le besoin de fumer vous tyrannise, attendez cinq à dix minutes avant d'allumer une cigarette.
16 - Oubliez intentionnellement votre briquet à la maison. Vous serez obligé de demander du feu.
17 - Ne fumez plus en conduisant.
18 - N'allumez plus une cigarette après le repas ; entreprenez une activité.

19 - Ne fumez plus en attendant un coup de fil ou une visite.
20 - En société, fumez seulement une cigarette par heure.
21 - Eteignez votre cigarette après chaque aspiration et rallumez-la selon vos besoins.
22 - Essayez de ne plus avaler la fumée ou faites-le une seule fois par cigarette.
23 - Ne faites rien d'autre si vous fumez.
24 - Ne fumez plus si vous êtes en conversation avec quelqu'un.
25 - Ne fumez pas si vous êtes en présence d'autres fumeurs.
26 - Ne fumez plus l'après midi.
27 - Ne fumez plus pendant votre travail.
28 - Ne fumez plus en regardant la télévision.
29 - Ne fumez plus qu'une cigarette par jour.
30 - Renoncez à la dernière cigarette ; vous avez réussi : vous êtes un non-fumeur. Si vous vous appliquez à changer peu à peu vos habitudes d'après ce plan, parce que vous avez réellement le désir de ne plus fumer, vous y réussirez.

Veillez à l'application de ces règles de manière adéquate. Commencez à renoncer à la cigarette loin de votre environnement habituel : en vacances, en convalescence, après un déménagement ou un changement de travail.

• Pour en finir avec la cigarette.

Utilisez les possibilités de la psychocybernétique, c'est votre meilleure arme.

- Rendez-vous en votre lieu de détente mentale et là, préparez-vous à changer vos habitudes.

- Imaginez-vous plus performant à votre travail ; vous respirez plus facilement lorsque vous faites du sport ou lors d'une promenade;

votre conjoint se réjouit de votre décision ; votre santé s'améliore de jour en jour, et vous vous sentez détendu et heureux.

Après quelques jours de préparation, maintenant que vous avez transmis clairement à votre subconscient le but à atteindre, utilisez la technique des tableaux :

- Comptez de 7 à 1 en visualisant les couleurs correspondantes. Rendez-vous en votre lieu de détente mentale, à l'endroit où vous avez disposé vos tableaux.

• Le tableau noir de l'aversion.

Sur le tableau noir, inscrivez les effets négatifs de la cigarette, par exemple :

- - Je suis souvent enroué
- - Je tousse sans arrêt
- - Je souffre de troubles cardiaques
- - Mes performances sportives sont en baisse
- - Je dors mal
- - Je suis fatigué le matin
- - J'ai toujours un mauvais goût dans la bouche

Ecrivez ces phrases lentement et distinctement sur le tableau noir. Reculez de quelques pas et relisez-les.

• Plus la volonté est ferme, meilleur est le résultat.

Relisez ces phrases avec animosité et aversion. Détruisez le tableau noir, piétinez les morceaux avec colère.

Il est important de remarquer que votre désir pénètre votre subconscient à la mesure de l'intensité de vos sentiments. Plus vos sentiments sont forts, plus votre désir s'imprègne, et plus le succès est rapide.

• Le tableau blanc du bonheur.

Laissez passer votre colère puis tournez-vous vers le tableau blanc. Inscrivez-y lentement et distinctement les effets positifs obtenus du fait de ne plus fumer.

Par exemple :

• - ma voix est redevenue normale
• - je ne tousse plus
• - mon coeur bat régulièrement et normalement
• - mes performances sportives s'améliorent de jour en jour
• - dès que je me couche, je m'endors profondément. Je dors toute la nuit et je me réveille frais et dispos.
• - j'ai un goût frais dans la bouche et je me sens de mieux en mieux de jour en jour.

• Comment atteindre son but avec enthousiasme.

Reculez de quelques pas et relisez vos phrases. Projetez-y un intense sentiment d'approbation et de sympathie. Sentez ce sentiment s'intensifier.

Lisez le temps nécessaire à « voir » mentalement votre nouveau comportement. Imprégnez-vous de cette image mentale et imaginez que l'objectif visé est déjà atteint. Sentez-vous soulagé et fier d'une telle réussite. Maintenant, laissez-vous aller à cette sensation. Même si vous avez cessé de fumer depuis un ou plusieurs jours, poursuivez vos efforts.

• La technique des 21 jours. En bonne santé et équilibré sans nicotine.

La technique des tableaux vous a aidé à vous débarrasser de votre besoin de fumer. Renforcez cette victoire au moyen de la technique des 21 jours. Appliquez-la juste avant de vous endormir et dès votre réveil. Si vous vous couchez tard, appliquez cette technique de manière à pouvoir vous endormir rapidement.

- Eteignez la lumière. Détendez-vous jusqu'à ressentir un calme intérieur bienfaisant et une agréable fatigue.

De 7 à 1 avec les couleurs correspondantes, rendez-vous à votre lieu de détente mentale.

- Inscrivez sur le tableau blanc votre victoire sur le tabagisme.

- L'image mentale du tableau noir ne doit pas vous venir à l'esprit.

- Endormez-vous, imprégné de l'image mentale de vos nouvelles habitudes. Elles seront vos premières pensées le matin et vos dernières le soir.

Votre subconscient se chargera de changer en 21 jours une mauvaise habitude acquise au cours de plusieurs années. Imposez ce but final : ne plus fumer, vivre heureux et en bonne santé.

L'ALCOOL

• Explications nécessaires.

Considéré pendant des siècles comme faiblesse morale, l'alcoolisme est maintenant considéré comme une maladie par la médecine. Un alcoolique reste tel, même s'il est dix ans sans boire une goutte d'alcool. Et s'il se laisse aller à en boire ne serait-ce qu'une gorgée, il retombe sous l'emprise de son vice.

• Différence entre buveur et alcoolique.

Une personne ivre tous les jours n'est pas forcément alcoolique. Comment devient-on « buveur » ? Boire ressemble à une fuite face à la réalité. A l'origine se trouve toujours un problème apparemment insoluble.

La première question que je pose à mes patients est :

- Pourquoi buvez-vous ?

Ils invoquent l'ennui ; accusent la solitude, l'insipidité ou le rythme trépidant de leur vie. Le plus souvent, je les trouve totalement désarmés face à une situation donnée.. Et, dans les vapeurs de l'alccol, les problèmes s'envolent... puis ils reviennent et il faut leur trouver une solution.

• La différence est faible entre le buveur et l'alcoolique.

En tout buveur existe le danger de franchir la limite entre le simple buveur et l'alcoolique invétéré.

Le buveur, même s'il peut s'arrêter de boire à tout moment, est toutefois un alcoolique qui s'ignore. Même si le problème est résolu, il inventera d'autres raisons pour boire. Victime de la boisson, le buveur succombera face à de nouveaux problèmes : familiaux, professionnels, administratifs. Ce qui sera naturellement encore motif à recourir à l'alcool.

• Comment venir en aide à l'alcoolique

Le seul et meilleur moyen de venir en aide à un alcoolique est justement de ne pas l'aider. Même si c'est difficile, les amis et membres de la famille doivent toujours garder à l'esprit que tant qu'ils seront là pour régler les conséquences des frasques d'un ivrogne, ils l'entretiendront et l'empêcheront de trouver lui-même une solution à son problème.

Ce n'est qu'une crise profonde révélatrice qui l'incitera à se prendre en charge. Une aide durable ne sera possible que lorsque le problème qui a provoqué la crise sera résolu.

• Le cercle vicieux du stress à l'alcool et vice versa.

Il ne trouvait pas d'issue.

Depuis 28 ans, M. Schlösser travaillait comme fondé de pouvoir dans une société immobilière. Du fait que son patron était malade depuis longtemps, toutes les responsabilités lui incombaient. Consciencieux, M. Schlösser mettait un point d'honneur à augmenter le chiffre d'affaires. Cependant, le stress lié à ses ambitions, le faisait prendre un verre de temps en temps. Son mariage commença à en souffrir. Ce souci supplémentaire lui donna une nouvelle occasion de boire. Plus il buvait, plus son mariage partait à la dérive. Enfermé dans ce cercle vicieux, il en vint à rester trois à quatre jours par mois absent de son travail. Son patron feignait de ne pas le remarquer car il savait qu'en dépit de son vice, M. Schlösser assurait la bonne marche de l'entreprise.

Puis, ce patron se mit en retraite. Son fils lui succéda, et moins compréhensif exigea la démission de Monsieur Schlösser la première fois qu'il manqua au travail.

Il entendit alors parler de psychocybernétique. Il s'y accrocha avec l'énergie du désespoir et réussit effectivement à vaincre le besoin tyranique de boire. Je lui proposai en plus un traitement par hypnose afin de lui assurer une victoire durable. Au bout de quatorze séances, nous eûmes la certitude d'avoir vaincu son vice.

Son nouveau patron revint sur sa décision avant que le renvoi ne devienne définitif. Monsieur Schlösser, soulagé d'un surcroît de responsabilités, n'éprouvait plus le besoin de fuir la réalité dans l'alcool.

Depuis, deux ans se sont écoulés. Heureux dans son mariage et en affaires, il n'a plus jamais touché une goutte d'alcool. Et pourtant, il n'en demeure pas moins que M. Schlösser reste un alcoolique.

• Etes-vous un alcoolique ?

Voici un questionnaire élaboré par la clinique de l'université John Hopkins de Baltimore.

Répondez en toute honnêteté aux questions suivantes :

1 - Le fait de boire vous éloigne-t-il de votre travail ?

2 - Votre famille souffre-t-elle de votre alcoolisme ?
3 - Buvez-vous parce que vous ne vous vous entendez pas avec les gens ?
4 - Est-ce que votre réputation en souffre ?
5 - Avez-vous déjà ressenti des remords après avoir bu ?
6 - Avez-vous connu des difficultés financières en raison de votre consommation exagérée d'alcool ?
7 - Buvez-vous en compagnie de gens peu fréquentables ?
8 - Sacrifiez-vous le bien-être de votre famille à votre besoin de boire ?
9 - Abandonnez-vous toute dignité humaine dès que vous buvez
10 - Le besoin de boire, vous prend-t-il à certains moments de la journée ?
11 - Aimez-vous boire un verre le matin ?
12 - Dormez-vous mal lorsque vous buvez ?
13 - Vos capacités intellectuelles baissent-elles lorsque vous buvez ?
14 - Votre tendance à boire met-elle en jeu votre situation ou votre entreprise ?
15 - Buvez-vous pour oublier les contrariétés ou les ennuis ?
16 - Buvez-vous seul ?
17 - Avez-vous des pertes de mémoires lorsque vous buvez ?
18 - Avez-vous déjà été soigné pour alcoolisme ?
19 - Buvez-vous pour vous donner de l'assurance ?
20 - Avez-vous déjà subi une cure de désintoxication dans une clinique ?

Si vous avez répondu affirmativement à l'une de ces questions, vous avez tendance à l'alcoolisme.

Si vous avez répondu à deux questions, il y a de fortes chances pour que vous soyez alcoolique.

Si vous avez répondu positivement à trois questions, ou plus vous êtes incontestablement alcoolique.

• Ayez confiance en vos forces et en vos facultés de résistance.

Si vous avez découvert que vous étiez alcoolique, ne vous désespérez pas. Surtout, n'y trouvez pas une autre raison pour boire. Prenez votre destin en main. Votre force de caractère et vos facultés de résistance vous aideront à transformer une existence apparemment gâchée en une vie digne d'être vécue. Il y a début à tout et cela ne va pas sans difficulté. D'autres y ont réussi avant vous. Pourquoi n'y arriveriez-vous pas aussi ?

• Comment s'y prendre.

- Prenez d'abord la ferme résolution de renoncer à boire
- Faites votre auto-critique : c'est le premier pas vers une amélioration
- Faites en toute franchise le test ci-dessus et découvrez si vous êtes buveur ou alcoolique.

• Comment résoudre le problème du buveur.

Recourez-vous à la boisson, lorsque vous ne pouvez faire face à une situation difficile ? Dans ce cas, la psychocybernétique vous offre le moyen de vous aider. Je vous propose d'appliquer la technique des tableaux en deux étapes :

• Première étape :

• - Comptez de 7 à 1 avec les couleurs correspondantes et rendez-vous en votre lieu de détente mentale. Assurez-vous de ne pas être dérangé.

• - Attendez d'avoir trouvé le calme intérieur nécessaire à la méditation

• - Rendez-vous à l'endroit où sont placés vos tableaux.

• - Sur le tableau noir, inscrivez vos problèmes en détails.

• - Relisez lentement plusieurs fois. Imaginez trouver la solution le lendemain sur le tableau blanc.

• Connaître exactement le problème.

Je procède de cette manière pour résoudre mes problèmes. Juste avant de m'endormir, j'imagine que je trouverai la solution sur le tableau blanc le lendemain à mon réveil.

Quelquefois plusieurs solutions se présentent et je ne peux me décider en faveur de l'une ou de l'autre. Je renverse alors le procédé et le soir, je note les différentes solutions proposées sur le tableau noir. J'imagine trouver la meilleure le lendemain matin sur le tableau blanc. J'ai toujours réussi à résoudre mes problèmes de cette manière. Parfois, je dois fractionner un problème avant de trouver une solution satisfaisante. Vous verrez que vous aussi pourrez résoudre vos problèmes de cette manière et que vous ne pourrez plus vous passer de son utilisation. Ayez toujours à l'esprit que le succès est à votre portée, à condition d'avoir le désir intense de réussir.

• Il faut avoir un désir suffisamment intense.

Des désirs faibles engendrent des résultats médiocres, des désirs intenses des résultats remarquables. En conséquence, le fait de vouloir à tout prix résoudre un problème mobilise l'énergie nécessaire à l'application régulière des techniques.

Il ne suffit pas de connaître la solution, il faut savoir l'utiliser à bon escient, afin que notre problème soit véritablement résolu.

• Deuxième étape :

- Comptez de 7 à 1 avec les couleurs correspondantes et rendez-vous à votre lieu de détente mentale.

- Allez à l'endroit où sont vos tableaux.

• Se débarrasser des effets après la résolution des problèmes.

Après avoir cherché, trouvé et éliminé le problème responsable de votre alcoolisme, vous désirez également vous débarrasser de son effet, boire en l'occurrence.

Commencez par inscrire sur le tableau noir les effets négatifs de l'alcoolisme.

Par exemple :
- - Boire nuit à la santé
- - Boire détruit ma vie de famille
- - Boire met en jeu ma situation
- - Boire me fait perdre mes amis
- - Boire ne résoud pas mes problèmes mais les aggrave
- - Boire me fait perdre l'estime de moi-même

Relisez plusieurs fois ces phrases puis détruisez le tableau noir avec colère.

• Reproduire les effets positifs

Maintenant, tournez-vous vers le tableau blanc. Inscrivez-y les effets positifs obtenus du fait de ne plus boire.

• - de jour en jour, ma santé s'améliore
• - mes rapports avec ma famille s'améliorent
• - mes performances professionnelles sont meilleures
• - je me fais de nouveaux amis
• - je suis capable de résoudre mes problèmes et de cette façon je me libère du poids de l'alcoolisme
• - j'ai regagné l'estime de moi-même et je me réjouis de ma victoire.

Reculez et relisez plusieurs fois ces phrases. Projetez-y un sentiment intense d'approbation et de sympathie. Sentez ce sentiment s'intensifier. Lisez le temps nécessaire à renforcer cette sensation et de voir devant vous l'image mentale de votre nouveau comportement et de ses effets positifs. Maintenant, imprégnez-vous de ces images. Imaginez avec un profond sentiment de satisfaction que vous avez déjà atteint votre but.

Répétez le tout plusieurs fois. En s'imprégnant profondément en votre subconscient, les images mentales deviendront partie intégrante de votre personnalité. Vous aurez vaincu votre vice.

Subsiste-t-il le moindre doute sur les résultats obtenus ? Dans ce cas soumettez-vous à un test sous hypnose. Je suis prêt à vous communiquer les adresses des meilleurs hypnothérapeutes.

Mais que faire si vous êtes un alcoolique invétéré.

• Deux chances pour les alcooliques invétérés.

Vous avez fait le test en toute franchise. Il s'avère que vous êtes intoxiqué. Je vous conseille malgré tout de recourir aux moyens offerts par la psychocybernétique. Il se peut aussi que votre cas nécessite une aide extérieure. Deux moyens sont à votre disposition :

Vous pouvez vous adresser aux « alcooliques anonymes ». Il existe un lieu d'accueil dans chaque ville. Vous y trouverez les renseignements dont vous avez besoin et vous n'aurez pas à décliner votre identité. Les personnes présentes sont concernées par votre problème et prêtes à vous aider.

• Deuxième moyen : l'hypnothérapie.

J'ai une longue expérience des alcooliques que j'ai traités. J'en ai conclu que le meilleur traitement est l'hypnothérapie. Le vice-président de la société autrichienne d'hypnose médicale déclara, lors d'un séminaire de 200 médecins, que l'hypnothérapie s'est avérée efficace dans les pays de l'Est. Pendant mon stage d'études à Sofia, j'ai échangé et commenté des idées sur l'hypnose avec des thérapeutes de Prague, Leningrad, Johannesburg (Afrique du Sud) et Toronto (Canada). Je me suis spécialisé en hypnothérapie qui donne des résultats surprenants en ce qui concerne les alcooliques invétérés.

L'ordre donné sous hypnose au patient lui suggère que l'alcool est pour lui d'un goût si écoeurant qu'il doit vomir dès la première gorgée.

Par ce moyen, je crée en son subconscient un interdit qui n'est franchissable qu'au prix d'une crise qui le dégoûte à jamais de boire.

Si vous voulez entreprendre une cure d'hypnose, je suis prêt à vous recommander des hypnothérapeutes compétents. Si vous le voulez réellement, vous trouverez le moyen de résoudre vos problèmes.

LES DROGUES

Il n'est pas toujours possible de se libérer seul des drogues à l'aide de la psychocybernétique. Une aide extérieure est indispensable.

Je vais vous citer le cas de Iris :

Elle commença à se droguer à l'âge de quatorze ans, et s'injectait tout ce qu'elle pouvait trouver. Fille unique de parents aisés, elle avait eu une enfance protégée. Elle n'avait jamais eu à faire face à une difficulté quelconque ou à prendre des responsabilités. Son intelligence lui permettait d'avoir de bons résultats scolaires sans fournir d'effort particulier.

Dans les classes supérieures, où les exigences sont plus importantes, l'intelligence seule ne suffit plus pour réussir. Les effets de la drogue diminuaient de surcroît sa capacité de travail. Elle dût redoubler sa classe. Naturellement, Iris imputa son échec à ces « idiots de profs » incapables d'expliquer clairement un cours. Ses parents lui firent donner des leçons particulières et suivre des cours de psychocybernétique pour améliorer ses résultats. Ni eux, ni ses professeurs ne s'étaient aperçu de sa toxicomanie. Elle suivait les cours sans intérêt et aussi sans succès. Je gagnai sa confiance et elle m'exposa ouvertement son problème. Elle fut soulagée d'avoir pu se libérer de ce poids. Comme elle n'avait ni l'intérêt ni l'énergie requis à l'application des techniques, je lui proposai un traitement sous hypnose. J'arrivai à la persuader d'en parler en toute franchise à ses parents dont je nécessitais l'accord car elle était mineure. Choqués d'abord, ils demandèrent de commencer le traitement le plus tôt possible.

• Patience et persévérance sont le prix du succès.

Iris suivait les indications avec application. Après une première séance, elle était découragée ; elle m'informa qu'elle était allée à une party pour un « trip ». Je lui expliquai que pour triompher de la toxicomanie, il lui faudrait du temps et de la patience.

Après cet entretien le traitement fit des progrès bien qu'elle fit une rechute quand elle revit le groupe qui l'avait initiée à la drogue

Je changeai d'approche. En effet, il était nécessaire de recréer sous hypnose un état analogue à celui provoqué par la drogue. A chacune des séances, elle me relatait en détail ses impressions et ce qu'elle vivait en cet état de drogue simulé déclenché sous hypnose. J'avais trouvé le moyen de la débarrasser de sa toxicomanie sans la faire souffrir de terribles états de manque.

Peu à peu, elle recommença à s'intéresser à son travail scolaire. J'en profitai pour lui donner les suggestions propres à améliorer ses notes, ce qui réussit de manière très nette.

En trois mois, quarante deux séances d'hypnothérapie avaient vaincu la toxicomanie d'Iris. Elle avait appris à prendre son destin en main et à l'aide de la psychocybernétique, à se comporter selon ses désirs.

• La drogue comme moyen de combler un manque.

Le cas d'Iris est typique d'un bon nombre de jeunes dans la tranche d'âge en dessous de vingt cinq ans qui sont passifs et instables. William S. Burroughs, auteur notable en la matière, s'exprime en ces termes :

- « On se drogue par manque d'intérêt à quoi que ce soit, c'est la manifestation d'un manque ».

Récemment un groupe d'étudiants fit un sondage dont voici le résultat :

- 37% de drogués dans les villes
- 17% de drogués à la campagne

La tranche d'âge se situe entre quatorze et vingt cinq ans, dont 1/3 de filles. Il existe un autre groupe de trente à quarante ans au sommet de la réussite sociale, et qui recherchent une expérience différente dans la drogue. On y rencontre essentiellement des musiciens, peintres, sculpteurs, et autres professions artistiques ainsi que des ingénieurs et architectes. Ils utilisent cet état psychédélique comme « auto-psychanalyse » ; celui-ci est lié à leurs capacités intellectuelles ainsi qu'à leur statut social. Les peintres en particulier ont tendance à chercher un autre « vécu » sous d'autres formes et d'autres couleurs.

Le suisse Albert Hofmann, qui a découvert le L.S.D., relate les effets de son premier « voyage » de la façon suivante :

- Tous les bruits (comme celui d'une voiture qui passe par exemple) sont reproduits sensitivement de façon à créer une image quasiment palpable dont la forme et les couleurs changeantes sont comparables à un kaléidoscope.

Le toxicomane en état de drogue, vit intensément ce qui est inhérent à son individualité qui prend alors des formes exagérées et disproportionnées.

• Les impressions sensitives s'intensifient.

Les premières expériences avec la drogue commencent généralement avec le haschisch ou la marijuana. Il est relativement aisé de s'en procurer quelques grammes ; multiplié par quatre personnes, on se trouve en possession d'une quantité suffisante pour un bon trip. Ces deux drogues sont le plus souvent fumées (mais elles peuvent aussi être absorbées sous forme de thé ou de biscuits). Fumer permet d'en contrôler la dose en fonction de l'effet souhaité qui est d'ailleurs immédiat.

Coper et Hipius parlent du fumeur de drogue en ces termes :

- « Le fumeur désire obtenir un état de détente parfaite et souhaite avant tout se déconnecter d'une réalité oppressante. Il s'en suit une impression d'apathie agréable et une sensation de douce euphorie. On observe des crises de rire incontrolables pour des motifs futiles. Certains éprouvent des terreurs morbides ou une dangereuse agressivité.

Il peut aussi se produire un brusque changement d'humeur, cependant la paranoia et la panique sont rares. Les idées se suivent subjectivement en associations fantaisistes et euphorisantes. A ce stade, la réceptivité sensitive s'amplifie. Les couleurs gagnent en luminosité et en intensité. On remarque une déformation de l'espace et du temps. A doses plus élevées interviennent les hallucinations.

Les plus importants groupes de drogues fumées (Sources : FAZ du 16.2.1971).

1 - Les excitants :

Psychotoniques ou stimulants. Il s'agit des amphétamines (comme la benzedrine).

2 - Les calmants :

Les barbituriques et les composés du bromure, et surtout les sédatifs comme le valium, le librium et autres produits de ce type, qui sont faciles à se procurer.

3 - Les dérivés du cannabis :

La marijuana et le haschisch proviennent respectivement de la plante et de la résine du chanvre indien. La marijuana contient moins de T.H.C. (tétrahydrocannabinol) que le haschisch.

4 - Les hallucinogènes :

L.S.D., mescaline, « S.T.P. » (sérénité, tranquillité, paix), cocaïne.

5 - Les opiacés :

Ils sont produit à partir de l'huile séchée de la graine de pavot, et aussi synthétiquement : opium, morphine, héroïne.

6 - Les produits à « sniffer ».

Vapeurs de solvants, tels éther, colle, dissolvants pour peintre, acétone, essence, benzol, trichlorétylène.

•Toutes les drogues ont un pouvoir destructif sur la personnalité.

L'absorption de drogues quel qu'en soit le type conduit à une destructuration de la personnalité même si elle ne se manifeste pas immédiatement. Prenons par exemple les statistiques concernant l'emploi.

D'après une étude réalisée en Suisse, 76% des drogués ne travaillent pas et 8% travaillent occasionnellement, la destructuration de la personnalité conduit à la déconnection totale de l'individu avec la réalité.

A Berlin, un étudiant sous l'emprise du LSD se jeta d'une fenêtre située au quatrième étage. Il demeura sous l'effet de la drogue jusqu'à sa mort en continuant à raconter au médecin qu'il était capable de voler.

• La méditation comme moyen de combattre la toxicomanie.

Lors de la conférence « Toxicomanie 74 », le dr. Helmut Schenkluhn fit état de ses expériences et des résultats obtenus dans le traitement par la méditation des toxicomanes.

Voici les résultats :

- 60% des fumeurs de haschisch,
- 78% des utilisateurs d'opiacés, et
- 96% des utilisateurs de pilules furent guéris de leur toxicomanie en l'espace d'un an grâce à la méditation.

J'ai repris l'expérience et obtenu des résultats encore supérieurs grâce à la psychocybernétique. Les participants aux cours ont retrouvé la joie de vivre, et la capacité de pouvoir maîtriser les situations problématiques.

• Comment se libérer de la toxicomanie au moyen de la psychocybernétique.

Etablissez soigneusement votre point de départ pour sortir de la crise, et combattre votre toxicomanie une fois pour toutes.

Avez-vous gâché votre vie de famille, perdu votre travail, en êtes-vous au « ras le bol » complet à cause de la drogue ? Il est temps de prendre la décision de vous en libérer.

• Commencez par la technique des tableaux.

Au moyen du procédé habituel (compte de 7 à 1 avec les couleurs correspondantes), rendez-vous en votre lieu de détente mentale et allez à l'endroit où se trouvent les deux tableaux.

• Les effets négatifs.

Inscrivez sur le tableau noir les effets négatifs de votre toxicomanie :

- - je perds lentement contact avec la réalité.
- - mes performances baissent de plus en plus.
- - je n'accorde plus de prix à la vie.
- - je ruine ma santé.
- - je perds l'estime de moi-même.

Reculez et relisez ces phrases. Projetez-y rancoeur et colère, puis détruisez le tableau avec rage. Plus vos sentiments seront intenses, plus ils s'imprégneront en votre subconscient.

• Les effets positifs.

Retrouvez votre calme. Tournez-vous vers le tableau blanc. Inscrivez-y lentement et distinctement les effets bénéfiques obtenus après avoir renoncé à la toxicomanie, par exemple :

- - j'ai de nouveau les pieds sur terre.
- - j'aime la vie.
- - mes performances s'améliorent.
- - ma santé s'améliore.
- - je suis fier d'avoir réussi.

Reculez et relisez ces phrases. Projetez-y un fort sentiment d'approbation et sentez-le se répandre en vous.

Lisez ces lignes le temps nécessaire à pouvoir « voir » devant votre oeil mental l'image de votre nouveau comportement. Imprégnez-vous en profondément et imaginez que vous avez déjà atteint le but de vaincre votre toxicomanie.

• La technique des trois mois.

Pour combattre efficacement votre toxicomanie, je vous recommande d'appliquer la technique des tableaux pendant vingt et un jours matin et soir. Ce sera votre première et dernière préoccupation et pensée de la journée.

Les vingt et un jours écoulés, oubliez votre problème pendant une semaine, en effet, l'application de la technique ne doit jamais devenir une routine.

Faites confiance au pouvoir de l'inconscient et affermissez les résultats déjà obtenus. Recommencez alors un nouveau cycle de vingt et un jours suivi d'une nouvelle pause d'une semaine, et ainsi de suite jusqu'à l'écoulement des trois mois.

La bonne application de ces techniques vous garantit le succès à condition d'y croire fermement.

• La technique de la fontaine de jouvence.

Il est de votre avantage d'allier à ces techniques celle de la fontaine de jouvence qui agit comme véritable déclic propice à l'émergence de votre comportement.

Au moyen du procédé habituel, rendez-vous en votre lieu de détente mentale. Dirigez-vous vers votre fontaine de jouvence.

- plongez-y. Imaginez que vous y abandonnez votre toxicomanie

- lavez-vous à cette fontaine de tout ce qui vous rattache encore à votre ancien comportement.

- ressortez-en libéré de votre toxicomanie ; vous êtes un homme nouveau.

- reprenez plusieurs fois cet exercice : voyez votre corps se redresser mu par une force nouvelle.

- entre chaque bain, inspirez l'air pur de votre lieu de détente. Sentez votre corps s'emplir d'énergie et de joie de vivre.

- recommencez jusqu'à être certain de votre réussite.

• Se libérer de la toxicomanie par l'hypnométitation

Le subconscient est comparable à un mécanisme extrêmement spécialisé où toutes les fonctions sont dirigées selon des règles parfaitement synchronisées. Le développement d'un conscient encore jeune perturbe quelquefois sensiblement cet automatisme, ce qui est à l'origine de troubles, eux-mêmes causes de maladie.

Sous hypnose, l'influence perturbatrice du conscient sur le subconscient s'arrête momentanément. Ainsi, le pouvoir de l'inconscient passif est-il libre de se développer et de détruire les perturbations présentes. Pendant la durée de l'hypnose, le patient peut, soit subir le traitement et laisser agir le subconscient, soit diriger l'effet selon la trajectoire tracée par la méditation sur l'image mentale positive. Il s'agit alors d'hypnoméditation.

Dans le cas de la toxicomanie, le patient est mis sous hypnose par un hypnothérapeute. Dès le déclenchement de l'hypnose, il peut suggérer à son subconscient les images mentales choisies au préalable d'un commun accord avec l'hypnothérapeute. Il montre au subconscient l'objectif final et laisse la réalisation et le choix des moyens au pouvoir passif de l'inconscient.

Ce procédé est une « reprogrammation » du comportement de l'individu dont le besoin tyranique de consommer de la drogue se commue automatiquement en répulsion.

Nous ne savons pas encore comment opère ce fonctionnement, mais l'expérience réussit et peut éliminer bien des maux.

L'hypnoméditation offre une nouvelle chance de façonner sa vie selon ses désirs.

6

HYPNOMÉDITATION THÉORIE ET PRATIQUE

• Une méthode particulière

L'idée m'est venue, au cours de ma pratique, d'allier l'hypnose à la méditation, c'est à dire l'hétéro-hypnose à l'auto-hypnose. J'ai nommé cette combinaison « hypnoméditation », qui conjugue les avantages des deux méthodes, commençons par l'explication de base.

• Qu'est-ce que l'hypnose ?

- Une étape dynamique entre l'éveil et le sommeil

Nombre de personnes, dont certains médecins se font une idée fausse de l'hypnose. Certains patients, convaincus d'être livrés à la volonté de l'hypnotiseur, refusent pour cela l'hypnothérapie.

L'hypnose est un état dynamique entre l'éveil et le sommeil, qui est vécu différemment selon les individus. Ceux qui connaissent cet état de détente merveilleuse sont unanimes : au sortir de l'état hypnotique, cette détente bienfaisante reste imprégnée en eux.

Pendant la durée de l'hypnose s'établit un contact permanent entre le patient et le thérapeute ou rapport. En effet, en état hypnotique, le patient entend et comprend tout ce qui se dit et se passe autour de lui.

Il arrive parfois que l'hypnotisé s'endorme. En conséquence, le rapport est rompu. Une légère secousse suffit à la réveiller.

Souvent on me pose la question

-« Que m'arrivera-t-il si l'hypnotiseur venait subitement à avoir une crise cardiaque ? »

- Je réponds dans ce cas, que les suggestions sont immédiatement interrompues. De ce fait, l'hypnose se transforme en un sommeil normal. Le patient se réveillera naturellement.

Il est important de remarquer que sous hypnose, personne n'exécute un ordre contraire à son comportement normal. L'hypnose est neutralisée par une suggestion non conforme, et le patient se réveille. D'autre part, nul ne peut-être hypnotisé contre sa volonté.

• L'hypnose ne provoque pas de réactions secondaires néfastes.

Dans de nombreux cas, l'hypnose peut compléter et rendre plus efficace un traitement médical.

Je pense en particulier aux maladies psychosomatiques : asthme, troubles circulatoires, ulcères d'estomac, troubles intestinaux où, l'hypnose se révèle efficace sans provoquer d'effets secondaires néfastes à d'autres organes.

Je recommande tout particulièrement l'hypnose dans les cas de maladies purement psychiques : phobies, dépressions, insomnies, spasmes nerveux, « douleurs fantômes » d'un membre amputé.

L'interruption de la douleur par l'hypnoanesthésie, donc sans médicament, en accouchement, par exemple, n'est pas utilisée. Le type de consultation actuelle du médecin ne lui laisse pas le temps de s'intéresser à l'hypnose.

L'hypnothérapeute doit faire preuve d'un équilibre psychique à toute épreuve en plus de sa formation et de ses connaissances. Appliquer l'acquis ne suffit pas. L'expérience et la démarche personnelles sont indispensables.

• Qu'est-ce que la méditation ?

L'hypnose présente de tels avantages que d'éventuels préjudices ne sont guère à prendre en considération.

- l'hypnotiseur peut oublier d'annuler une suggestion donnée (comme par exemple : « vos bras sont lourds » ou « vous vous sentez très fatigué »...) les effets se neutralisent d'eux-mêmes après quelques temps.

S'il arrive à un hypnotiseur inexpérimenté de donner une suggestion contraire aux tendances de l'individu, le subconscient de ce dernier les rejette.

L'hypnoméditation, qui est la combinaison d'hétéro et d'auto-hypnose exclut totalement ce genre d'incident.

• Une émanation de l'âme.

Dans le sens étymologique, méditation signifie recueillement, réflexion et contemplation. C'est à dire entrer en soi-même ; et vivre au plus profond de son âme.

On peut en conclure que la méditation est l'émanation de l'âme, le moyen de créer une harmonie parfaite entre corps, âme et esprit.

Bien appliquée, la méditation est source de sérénité, de clarté de l'esprit et de santé du corps. L'initié façonne sa vie selon ces lois de l'harmonie et communique sa paix intérieure et sa joie de vivre à son entourage.

La méditation est la recherche de l'étincelle divine présente en chacun de nous.

• Définition de la méditation par un mystique.

Au XIIè siècle, le mystique iranien Rumi s'exprimait en ces termes :

- « J'ai parcouru le monde à la recherche de Dieu sans jamais le rencontrer. Revenu chez moi, je Le vis sur le seuil de mon coeur et je l'entendis me dire : « c'est ici que je t'attends depuis une éternité ». Alors, je suis entré avec Lui dans ma maison ».

C'est là une simple et magnifique description du but de la méditation.

Si vous ne maîtrisez pas cet art, il est très probable que vous vous heurtiez à des difficultés lors de son application pratique. En méditation, on peut en effet découvrir certains aspects de sa personnalité et se révéler apte à assumer la confrontation. Ce peut être à l'origine de diverses perturbations : angoisses permanentes et dépressions.

L'hypnoméditation, par contre, empêche cette confrontation car les forces méditatives sont dirigées vers un but défini au préalable. Elles sont par conséquent, disponibles et permettent d'atteindre l'objectif visé sans aucune forme d'entrave.

• Comment fonctionne l'hypnoméditation ?

- *L'hypnoméditation comme synthèse.*

L'hypnoméditation est la synthèse de deux moyens de s'adresser au subconscient et de pouvoir l'influencer.

Le thérapeute et le patient commentent ensemble en détail l'objectif à atteindre. Admettons que le patient désire maigrir. On propose alors la « fixation de la méditation par la parole ».

• La fixation de la méditation par la parole.

Il est important que le patient fixe lui-même son but en phrases simples.

- dès maintenant, je ne mangerai plus entre les repas
- je renonce aux bonbons, chocolats et sucreries
- à chaque repas, je mange moitié moins que d'habitude
- chaque semaine, je maigri d'un kilo

Un fois que la formulation de la méditation par la parole ait été trouvée, le patient s'en imprégne. Puis vient la « fixation de la méditation par l'image mentale ».

• La fixation de la méditation par l'image mentale.

Ayez d'abord une image claire de l'objectif visé. Si vous voulez maigrir de dix kilos, imaginez votre future silhouette. Soutenez votre imagination par une photo ancienne ou une photo récente retouchée.

Imprégnez-vous maintenant de cette image mentale. Vous devez pouvoir la reproduire à tout moment mentalement, vous pouvez alors commencer l'hypnoméditation.

On procède à l'hypnoméditation au moyen des paroles utilisées pour déclencher l'hypnose :

Je propose généralement les phrases suivantes :

- Etendez-vous confortablement... Fermez les yeux... détendez les bras et les jambes... Ne pensez plus à rien... Soyez tout à fait passif...

Sentez une agréable fatigue se répandre dans votre corps... Abandonnez-vous à cette sensation... Vos jambes et vos bras s'alourdissent de plus en plus... Vos pensées s'envolent... Laissez-vous aller à ce calme bienfaisant qui, d'inspiration en inspiration, s'approfondit de plus en plus... Vous entendez distinctement ma voix...

• Comment obtenir un état de détente et de paix parfaites

On induit le patient en l'hypnose le temps nécessaire pour qu'il atteigne le seuil de détente, de paix et de passivité totales. A ce stade l'énergie se libère. On l'appelle le « seuil actif » où, le subconscient libéré des interventions du conscient permet l'émergence de la force de l'inconscient.

Après quelques minutes, on suggére au patient de concentrer cette force sur la méditation par la parole et par l'image mentale.

• Le contact avec le subconscient.

En contact avec son subconscient, le patient calme et détendu reproduit mentalement l'image idéale et s'en imprégne. Les paroles sont traduites en images mentales. Ces dernières, enregistrées par le subconscient, y sont interprétées comme étant le but à atteindre. De ce fait, les forces mobilisées sont dirigées vers cet objectif.

Ces images, issues de l'imagination du patient, sont aisément prises en charge par le subconscient car elles s'intègrent parfaitement à la structure de sa personnalité.

Des réactions secondaires préjudiciables sont exclues lors d'un traitement par hypnoméditation. C'est pourquoi l'hypnoméditation est le moyen idéal de modifier son comportement selon ses désirs.

Il est essentiel de réaliser d'abord une bonne fixation de la méditation par la parole afin de réussir la méditation par l'image mentale.

Vous pouvez utiliser les exemples de formulations contenus dans ce livre, ou les modifier à votre gré. Faites-les formuler par un proche ou mieux enregistrez-les et écoutez-les jusqu'à vous en imprégner profondément.

Après ces explications, nous pouvons passer à la pratique.

• Traitement efficace de la dépression

- *Le chagrin d'amour d'un psychologue.*

On dit toujours que ce sont les cordonniers les plus mals chaussés. On le voit dans le cas de Monsieur Langen.

Monsieur Langen psychologue, travaillait depuis huit ans dans un centre d'éducation spécialisée. Depuis deux ans il était amoureux d'une collègue. Ils avaient passé une année merveilleuse ensemble et décidé de se marier. Ils avaient trouvé un bel appartement qu'ils s'occupaient de meubler. Un soir, Monsieur Langen rentra du travail et trouva une lettre. Sa fiancée lui annonçait qu'elle était partie vivre avec une amie.

Pour Mr. Langen, le monde s'écroulait. Il n'avait aucun moyen de contacter son ex-fiancée, partie sans laisser d'adresse. Deux mois s'écoulèrent ainsi dans le désespoir. Un ami le sauva du suicide. Loin de se montrer reconnaissant, Monsieur Langen lui dit qu'à la prochaine occasion, il ne se raterait pas.

Face à cette situation désespérée, l'ami de Mr Langen vint me trouver. Je me rendis au domicile de cet ami afin d'y rencontrer Mr

Langen, apparemment par hasard. La soirée se déroula agréablement. Au fil de la conversation, Mr Langen me parla de ses problèmes. De là, notre conversation dévia sur le traitement par hypnoméditation, dont il n'avait pas entendu parler mais se déclarait prêt à essayer.

• Le traitement d'un suicidaire

Dans sa situation, Mr Langen n'avait pas le calme requis à la concentration. Je me heurtai à un autre handicap : en tant que psychologue, il ne pouvait s'empêcher d'analyser tout ce que j'entreprenais. Mais dès la deuxième séance, le contact s'établit. Comme le traitement nécessitait plusieurs semaines, il alla habiter l'hôtel face à ma résidence.

Je pu ainsi entreprendre un traitement quotidien.

Ce cas fut intéressant en ce sens que j'étais confronté non seulement à l'observation ou aux extériorisations subjectives d'un patient, mais encore à l'analyse constante, d'un professionnel. Nous constations, d'un commun accord, que son état s'améliorait. Lorsqu'il apprit que je donnais aussi des cours d'hypnose et d'hypnoméditation, il manifesta le désir de les aborder après son traitement.

Il reprit goût à la vie.

L'efficacité du traitement lui permit de l'interrompre quelques semaines nécessaires au règlement d'un problème d'héritage, duquel il s'était désintéressé. Les membres de sa famille avaient exploité ce désintérêt, mais il rétablit ses droits. Il avait reprit goût à la vie grâce au traitement.

• Des problèmes conjugaux qui engendrent des problèmes de poids.

- Ne pas accorder de temps à son partenaire le conduit à chercher des aventures.

Monsieur Wiedermann vint me consulter parce qu'il souffrait de dépression et d'insomnies. Il avait en outre grossi de huit kilos. La raison était que sa femme lui avait avoué qu'elle le trompait.

Je tenais à connaître l'avis de chacun et je priai Madame Wiedermann de se rendre à ma consultation. C'était une femme très attrayante, de douze ans plus jeune que son mari. Elle m'avoua sa relation extra-conjugale. Elle se trouvait lésée par le peu de temps que lui accordait son époux, un banquier très pris par son travail, et avait l'impression de n'être à ses yeux qu'un objet. C'est pourquoi, elle cherchait ailleurs l'attention, la tendresse et surtout le temps qui lui faisaient défaut auprès de son époux.

Pourtant, tous deux souffraient de cette situation. Madame Wiedermann aimait toujours son mari et était décidée à résoudre le problème en commun avec lui à condition qu'il y consacre au moins une soirée.

Monsieur Wiedermann convaincu non sans difficultés qu'il avait sa part de tort, accepta un traitement par hypnoméditation. Tous les deux jours, il vint à ma consultation. Après deux semaines, il était débarrassé de sa dépression et de ses insomnies et avait perdu trois kilos.

Par conséquent, je pu mettre fin au traitement par hypnoméditation.

Sur mon conseil, ils suivirent tous deux un cours de psycho-cybernétique. Depuis, chaque année, le quatorze octobre, jour anniversaire de leur première consultation, j'ai droit à un gros bouquet de fleurs.

• L'obésité est un mal d'origine psychosomatique

Elle mangait pour oublier son chagrin.

Madame Bogdahn était veuve depuis deux ans. Encore très affectée de la perte de son mari, elle perdit son unique fils dans un accident de voiture. Depuis, elle avait perdu goût à la vie et sombrait dans la dépression. Elle trompait son chagrin par la boulimie.

Je lui rendis visite, suite à la demande d'une de ses parentes. Je trouvai une maison négligée et des chocolats, bonbons et sucreries partout. Au cours des quatre mois qui avaient suivi la mort de son fils, elle avait grossi de quatorze kilos. Pendant notre conversation, elle pleurait constamment et ne cessait de se bourrer de pralines.

• Comment redonner un sens à sa vie.

Pour combattre sa dépression j'appliquai le traitement par hypnoméditation. Mais il resta sans effet car sa vie lui apparaissait totalement inutile.

Lorsque me vint l'idée de lui suggérer de prendre à sa charge un enfant de l'assistance publique. Le traitement commenca à faire de l'effet. J'appliquai simultanément l'accupuncture sur les deux points responsables de la boulimie situés dans l'oreille. L'impérieux besoin de manger s'en trouve sensiblement réduit jusqu'à provoquer à la longue l'indifférence devant la nourriture.

Dès les deux premières semaines de traitement, la balance accusait un poids stationnaire. Ce fut une première victoire, et de semaine en semaine, elle perdit un à deux kilos environ. Nous avions vaincu la boulimie, le problème de la dépression se régla de lui-même. Les démarches avec les autorités de l'assistance à l'enfance se prolongeaient mais Madame Bogdahn concentra toute son énergie. Elle n'avait plus le temps de se laisser aller à la dépression. Elle obtint finalement gain de cause. Maintenant qu'elle était responsable d'un enfant, elle avait reprit goût à la vie.

• L'anorexie

- *Le refus de devenir adulte.*

Marion, une jeune fille de vingt deux ans apparemment gaie et insouciante vint me consulter sur la demande de ses parents. Ils s'inquiétaient de sa maigreur : en effet, elle ne pesait que trente six kilos pour un mètre cinquante-six.

Elle était étudiante germaniste et manquait souvent les cours pour raisons de santé. Cependant, sa mauvaise santé ne semblait nullement l'inquiéter. Une demie tartine de confiture et un verre de lait constituaient le seul repas de la journée. Elle n'avait tout simplement pas d'appétit. Quand elle se forçait à manger davantage, elle était obligée de vomir.

Il s'agissait de trouver la cause du refus et de l'incapacité à se nourrir davantage. Au premier abord, son cas me fus une énigme. Fille unique, elle était en excellents termes avec ses parents, et réussissait dans ses études malgré ses absences. Elle n'avait apparemment aucun problème et le monde des études semblait lui suffir. J'en déduis qu'elle refusait de devenir adulte. Très attachée à ses parents, elle s'ingéniait à rester la petite fille modèle. La moindre brèche dans cet amour filial lui était impensable et lui interdisait toute relation amicale. Dans nos entretiens, elle refuse d'abord d'en discuter. Comme elle était d'une intelligence supérieure à la moyenne, j'utilisai la logique pour la convaincre que la vie n'est pas un état statique. Le vieillissement de ses parents était inéluctable, et si elle ne voulait se trouver un jour confrontée à la solitude, elle devait apprendre. Je lui suggérai donc à se lier avec les autres.

Je la priai de se familiariser avec cette idée en s'imaginant des amitiés diverses en hypnoméditation. Puis je lui ordonnai de ne plus refuser une invitation même si la soirée promettait d'être ennuyeuse.

Pendant les quatre premières semaines de traitement, son poids demeura stationnaire. Au bout de la sixième séance, elle avait commencé à reprendre du poids pour la première fois depuis des années.

Au bout de douze séances, elle avait pris quatre kilos et se sentait transformée et en pleine forme.

Lorsqu'elle me montra la photo d'un jeune homme, j'interrompis le traitement. Son problème était résolu !

L'ANGOISSE D'UN HOMME COURAGEUX

• Le merveilleux automatisme du système nerveux.

Normalement notre volonté ne peut avoir une influence sur nos fonctions organiques vitales. Nous respirons, nous digérons, notre coeur bat sans que nous y pensions. Cet automatisme continue à fonctionner même dans le cas d'évanouissement. Le système neurovégétatif intervient avec le sympathique et le parasympathique. Lors d'une exitation, le sympathique réagit de manière à fournir les réserves nécessaires immédiatement. Il accélère les battements cardiaques, augmente la tension artérielle et les contractions des muscles, la respiration s'accélère. Les glandes surrénales libèrent de l'adrénaline. La digestion est stoppée. Le parasympathique a une action inverse : il favorise le calme, la détente et provoque le sommeil. Le rythme cardiaque et circulatoire diminue, la respiration ralentit. Nous nous détendons et reprenons la force nécessaire pour affronter une autre excitation.

• L'angoisse détruit l'équilibre intérieur.

Il est nécessaire que ces deux éléments du système neurovégétatif soient en équilibre pour se sentir bien.

Dès que l'harmonie intérieure est détruite, il se crée un dysfonctionnement à l'origine de la maladie.

L'angoisse en particulier, perturbe le système neuro-végétatif. A la moindre agression, telle personne sentira un poids sur l'estomac, une autre souffrira de vertiges, une autre encore sentira son coeur s'emballer.

• L'angoisse peut, entre autres, se manifester au niveau de l'estomac.

Je cite en exemple le cas de Mr Corten. Malgré des examens approfondis, on ne pouvait déceler la cause de ses maux d'estomac de plus en plus violents. Il les éprouvait lorsqu'il se trouvait dans un ascenseur ou dans tout espace restreint. Ses mains devenaient moites et il avait l'impression de tomber en syncope à tout instant. Il en vint à être incapable de conduire sa voiture.

Cette angoisse l'empêchait de vivre normalement, et il suivit un traitement qui resta sans résultat. Les médicaments n'agissaient que temporairement.

Désespéré, il vint me consulter. De plus, il avait honte de cette peur qui empoisonnait sa vie. Sportif et dynamique, il avait l'habitude de l'escalade en montagne sur des hauteurs vertigineuses, il se sentait à l'aise. Puis, se trouvant à nouveau dans un espace réduit, son angoisse et ses crampes le reprenaient.

Je lui proposai l'hypnoméditation. Il était cependant sceptique et je lui expliquais l'existence du subconscient capable de réagir à une excitation donnée indépendamment des convictions du sujet.

Au bout de trois séances, le traitement commença à être efficace et quatre autres séances suffirent pour vaincre son angoisse.

Deux ans plus tard, il m'envoya son fils dont les résultats scolaires laissaient à désirer. J'appris par ce dernier que l'angoisse de son père ne s'était plus jamais manifestée.

UN CAS DE CLAUSTROPHOBIE

• L'angoisse peut rendre malade.

Tout être humain a en lui une certaine peur. Elle fait partie intégrante de l'instinct de conservation par la prise de conscience de situations dangereuses à éviter.

La peur est donc nécessaire, mais nombre de gens sont victimes de peurs inutiles.

Certains ont peur des souris. Logiquement, ils savent qu'ils n'ont rien à craindre de cet animal inoffensif. Mais la peur triomphe de leur raison.

Certains regardent sous leur lit avant de se coucher. D'autres contrôlent plusieurs fois si la porte est fermée à clef. Certains ne prendront jamais un ascenseur (claustrophobie). D'autres encore, éprouvent du vertige en traversant un pont ou une place publique (agoraphobie). Ces cas dépassent la simple peur. On a alors à faire à des phobies, qui rendent la vie quotidienne difficile et qui à la longue rendent les gens malades.

Voici le cas de Monsieur Lent, architecte depuis huit ans dans la même entreprise.

Il jouissait d'une bonne santé. Pourtant, à l'étonnement de ses amis, il refusait systématiquement les offres d'emploi intéressantes que lui proposaient les autres entreprises.

La cause en était la peur des bureaux spacieux modernes ! Pour se sentir à l'aise, il lui fallait un espace réduit. Puis, l'entreprise prit la décision d'aménager de vastes bureaux. Monsieur Lent pensa un moment chercher du travail ailleurs. Comme cette idée lui déplaisait, il vint me consulter, décidé à se débarrasser de sa peur maladive. Je commencai par lui expliquer l'objet de la méditation par la parole et de la méditation par l'image mentale. Puis, je le mis sous hypnose.

Le premier traitement par hypnoméditation demeura sans effet. mais après le second, il me déclara que sa phobie avait disparu.

• L'agressivité causée par la peur.

Brigitte était une enfant de l'assistance publique âgée de trois ans. Elle causait beaucoup d'ennuis à ses parents adoptifs qui étaient sans enfants. Malgré leurs soins et leur affection, l'enfant leur opposait un comportement difficile. Elle éparpillait ses affaires partout dans la maison et se mettait à crier dès qu'on lui demandait de les ramasser. Un jour, sa mère lui ordonna de remédier au désordre qu'elle avait créé. Brigitte lui mordit la main qu'il fallut y faire des points de suture. Brigitte eut huit ans et les difficultés s'aggravaient. Elle manquait souvent la classe et ne faisait pas ses devoirs.

A contre-coeur, les parents nourriciers se rendirent à l'évidence de devoir la renvoyer au centre et de renoncer à l'idée de l'adopter. Ils vinrent me trouver pour aider Brigitte, celle-ci refusa de les accompagner. Je me rendis donc chez eux. L'enfant se comporta de la pire des manières. Je pris le parti d'ignorer totalement ses fantaisies destinées à m'irriter. Je conversai uniquement avec sa mère. Intriguée, elle finit par se mêler à la conversation et au bout d'une demie-heure vint s'asseoir auprès de moi et se laissa caresser.

Mon départ provoqua des larmes. Je lui demandai de venir me consulter ce qu'elle était prête à faire immédiatement. C'est ainsi que je pus entreprendre le traitement.

Pour traiter les enfants, il faut d'abord tester leur hypnosensibilité et leur degré de coopération. Je leur demande de fermer les yeux. Si l'enfant peut garder les yeux fermés pendant deux minutes, je sais que l'induction en hypnose se fera sans difficulté. Il est primordial d'observer un silence total pendant la durée du test afin que l'enfant se sente bien isolé.

• L'hypnose fait partie d'un jeu.

Brigitte garda les yeux fermés pendant trois minutes.

- Je commençai par l'exercice de l'image mentale. Les yeux fermés, je lui fis imaginer une banane et une pomme avec leur forme et leur couleur.

- Pendant l'exercice, je glissai les suggestions destinées à déclencher l'hypnose comme si elle faisait partie du jeu.

- Sous hypnose, je la questionnai sur la cause de son agressivité envers son entourage et en particulier envers ses parents nourriciers.

Elle fut secouée de sanglots et me confia sa peur constante de devoir un jour retourner au centre. Pour amoindrir la souffrance d'une rupture avec son entourage actuel, l'agressivité était pour elle une façon de prendre des distances.

Avec l'accord de ses parents, je la convainquis au moyen de l'hypnoméditation de l'attachement durable de ces derniers, et qu'ils avaient l'intention de l'adopter. Elle était donc « leur » fille, et de ce fait ne retournerait plus au centre.

Depuis ce traitement, Brigitte a totalement changé et est aimée de tous.

• La phobie du bus.

Madame Koss était une jeune femme indépendante, épanouie et heureuse en mariage, mère d'une petite fille de deux ans. Elle vint me consulter pour la peur maladive qu'elle avait du bus.

Il y avait un an, elle avait voulu rendre visite à une amie. Ayant déménagé entre temps, son seul moyen de locomotion était le bus. Elle dû constater dès sa montée dans le bus que ses mains devenaient moites, et que ses jambes tremblaient. Au cours du trajet, une peur inexpliquable la contraignit à descendre à l'arrêt suivant. Elle dû poursuivre en taxi jusque chez son amie.

J'entrepris de traiter Madame Koss au moyen de l'hypnoméditation. Au bout de trois séances, elle eut le calme requis pour déclencher l'hypnose. Lors de la septième séance, je questionnai son subconscient à propos de cette phobie du bus. Elle me raconta que lorsqu'elle était enceinte, elle se trouvait souvent mal dans le bus. En été surtout, elle avait l'impression d'y étouffer. Après la naissance de l'enfant, elle avait oublié ces problèmes.

Cependant son subconscient continuait à faire la relation bus nausée. Il fallait donc neutraliser cette association subconsciente.

Je lui expliquai la relation de cause à effet. Depuis, sa peur maladive du bus est définitivement vaincue.

• La phobie des montres

Monsieur Wendtland, était heureux en ménage, père de trois enfants, sûr de lui-même et avait une brillante situation, il ressentait cependant une peur maladive et inexplicable à la vue d'une montre.

Au cours de notre entretien préliminaire, je lui posai des questions sur son passé. J'appris ainsi qu'il avait été commandant dans l'armée de l'air et pilote de chasse pendant la seconde guerre mondiale.

Il fut bombardé deux fois sans ressentir cependant aucune peur.

La peur s'empara de lui lors de sa troisième chute. Il réussit à descendre un avion ennemi au-dessus de la Manche. Ce fut un combat rude et long, aussi il jeta un coup d'oeil sur la jauge d'essence. L'aiguille était sur le rouge. Il ne lui restait plus assez de carburant pour rejoindre sa base.

Il quitta le lieu du combat, angoissé, désespéré de n'apercevoir aucun rivage à l'horizon. Enfin, il aperçut la plage. Le moteur de l'avion se mit à tousser, l'obligeant à un atterrissage forcé qui lui valut d'être fait prisonnier par l'ennemi. C'était de là que venait sa peur étrange des montres. Je lui expliquai la relation de cause à effet. Quatre séances d'hypnoméditation suffirent à le débarrasser de sa phobie.

• La peur du permis de conduire

Madame Beyer inspirait la pitié. Elle était comme courbée sous le poids de ses échecs répétés au permis de conduire. Avec le moniteur de l'auto-école, elle conduisait très bien mais avec l'inspecteur elle perdait tous ses moyens. Elle avait échoué quatre fois et en était à sa soixante quatrième leçon. Son permis lui aurait pourtant été très utile pour aider son mari sur le marché où ils avaient un étalage.

Elle vint me trouver, convaincue de n'être capable de rien, opinion renforcée par les reproches de son époux. Je convoquai ce dernier pour une consultation et le priai de se taire s'il ne pouvait comprendre les échecs de son épouse. Madame Beyer se trouva de ce fait dans un état psychologique plus propice à subir un traitement par hypnoméditation. Le nouvel examen avait lieu dans un mois. Quelques séances de méditation par l'image mentale lui apportèrent le calme et la confiance en elle. Je l'emmenai sur le circuit de l'examen et constatai que sa conduite était impeccable.

Il s'agissait maintenant, de l'en convaincre par hypnoméditation. Je devais imprégner son subconscient de l'image mentale du succès. Et elle réussit l'examen.

• La peur d'un examen pour une toute autre raison.

J'ai traité un cas très particulier de la phobie de l'examen. Il s'agissait de Marcus un garçon de treize ans, intelligent et travailleur. Il n'avait aucune peur des interrogations car il savait qu'il était bon. Cependant tout changea un jeudi, jour d'une interrogation de géographie. Il n'aimait pas particulièrement cette matière bien qu'il y obtenait des notes satisfaisantes. Ce jour-là il souffrit brusquement de vertiges et de tels malaises que le professeur le renvoya chez lui. A peine sorti de la classe, il se trouva mieux. Il revint sur ses pas, décidé à ne pas manquer l'interrogation. Mais en classe, les malaises le reprirent. Il en informa ses parents qui m'appelèrent le jour même.

• Un traumatisme dû à un événement mal assimilé dans l'enfance.

Ce cas était pour moi une énigme. Les malaises semblaient être directement liés au cours de géographie, non au refus de l'interrogation par l'élève.

Par conséquent, je commençai par questionner le subconscient en hypnoméditation. Le garçon me raconta avoir visité un zoo avec ses parents à l'âge de trois ans. Là, un serpent lui causa une énorme frayeur.

Le jeudi de l'interrogation, son voisin de classe avait apporté un serpent en plastique dont la vue lui avait causé cette frayeur incontrôlable. La relation de cause à effet dont la connaissance le délivra de sa phobie de l'interrogation.

• L'infarctus du myocarde et le tabagisme.

Soucis professionnels.

Monsieur Bertrand apprit avec stupeur que le chiffre d'affaires avait baissé de dix sept pour cent au courant de l'année passée, et il ne pouvait se l'expliquer.

Il y a un an, il avait été transféré de France à Cologne avec sa famille. On lui avait confié la direction de la filiale allemande de la société française pour laquelle il travaillait.

• Le stress

Le matin, il était toujours le premier au bureau. Le soir, il rentrait rarement avant huit heures. Il se consacrait entièrement à son travail et se faisait un devoir de remonter le chiffre d'affaires de la filiale allemande. Il avait une bonne équipe. Malheureusement, les chiffres étaient là comme preuve de leur échec.

• L'infarctus

Il décrocha le téléphone pour informer Paris. A cet instant, il ressentit une vive douleur dans la région du coeur ; le temps d'appeler sa secrétaire, et il s'écroula. Elle appela le médecin des urgences qui constata un infarctus du myocarde. Monsieur Bertrand, conscient mais incapable d'exprimer le moindre son, vécut cet événement comme dans un rêve.

Il se réveilla à l'hôpital, en réanimation. Sa femme vint à son chevet pour les quelques minutes autorisées. Sa guérison ne progressait que très lentement, en raison des soucis qui le poursuivaient.

Il avait très envie de fumer mais le médecin le lui avait interdit (*). Il se procura une cigarette auprès d'un autre malade et alla fumer dans les toilettes. Le médecin s'en aperçu et lui ordonna instamment de renoncer à la cigarette qui provoquerait une rechute fatale.

Malgré sa volonté, Mr Bertrand ne parvenait pas à s'arrêter de fumer, et se disait toujours que la cigarette qu'il fumait était la dernière.

• Un moyen efficace : l'hypnoméditation.

Lorsqu'il sortit de l'hôpital, il vint me trouver et me demanda de l'aider à renoncer à la cigarette.

Je téléphonai d'abord à son médecin qui approuva totalement le traitement par hypnoméditation. Le calme et la détente provoqués par ce moyen aideraient à la guérison. Je commençai donc par lui apprendre à se détendre. Ce ne fut pas facile car ses pensées s'attachaient constamment à sa famille et à l'entreprise. Il nous fallut beaucoup de patience pour qu'il parvienne à se détendre. Il me dit avoir fumé encore quatre cigarettes après la premiere séance ; après la deuxième, il était arrivé à ne plus fumer. Les six séances suivantes permirent d'ancrer définitivement en son subconscient le désir de ne plus fumer.

Au bout de trois mois, Mr Bertrand vint me remercier, convaincu que sans mon aide, il serait mort d'un infarctus. Il me demanda de réaliser l'hypnoméditation en groupe sur certains de ses collègues qui désiraient renoncer au tabac. Ce que je m'empressai de faire.

---

* Il fumait ordinairement soixante à quatre-vingts cigarettes par jour.

• L'amour est un mobile puissant

Monsieur Baumgarten était un homme très bon, bien qu'ayant le verbe haut. Il menait son entreprise d'expédition d'une main de fer et ne craignit pas, malgré ses soixante deux ans, de se mettre au volant d'un camion pour respecter un délai de livraison. Il avait la confiance de ses clients. Il jouissait d'une santé excellente et d'une énergie exceptionnelle. Il fumait pourtant soixante à quatre-vingts cigarettes par jour.

Son épouse ne supportait plus la fumée de cigarettes à la suite d'une opération du poumon. Par amour pour elle, il décida de s'arrêter de fumer sachant que j'avais déjà traité son comptable avec succès, Mr Baumgarten vint me trouver.

Il ne fut pas un cas particulièrement facile. Incrédule quant au pouvoir du subconscient, incapable de calme et de détente, il était heureusement patient.

Au bout de quatre séances de préparation, il put commencer l'hypnoméditation. Trois séances supplémentaires suffirent à le faire renoncer à la cigarette.

Un mois plus tard, il vint à la dernière séance destinée à tester l'efficacité du traitement. Je pus constater qu'il était définitivement non-fumeur.

• Alcoolique par jalousie

Madame Dietrich me fut amenée dans un état pitoyable complètement ivre et décoiffée. Sa soeur et son mari me donnèrent les explications suivantes :

- Madame et Monsieur Dietrich formaient un couple heureux. Cependant, une ombre menaçait leur entente : la jalousie maladive de Mme Dietrich. Son époux, propriétaire d'une auto-école, ne manquait pas parfois d'avoir des élèves très jolies.

Mme Dietrich ne lui montrait ni sa jalousie ni ses tourments. Un jour, une « amie » lui téléphona pour lui dire que son mari se trouvait depuis deux heures chez une élève du nom de madame Bendel. Madame Dietrich se rendit à l'adresse indiquée et les trouva tous deux dans une situation non équivoque. Bien que son mari lui assurait que ce n'avait été là qu'une aventure, elle laissa éclater sa jalousie et le harcelait sans cesse de questions sur son emploi du temps. Quand il travaillait, elle buvait pour oublier ses tourments. Il lui fit de violents reproches. Sa fille se détourna d'elle. Depuis, madame Dietrich avait perdu pied et buvait toute la journée.

• L'hypnoméditation sur bande magnétique.

En raison de son état, je ne pouvais lui appliquer un traitement par hypnoméditation. C'est pourquoi, j'enregistrai les suggestions appropriées sur bande magnétique. Je lui demandai de les écouter plusieurs fois par jour et de revenir me voir à jeûn.

Quelques jours s'écoulèrent et elle vint effectivement me trouver, en s'excusant de son état lors de sa première visite. Les suggestions avaient apparemment fait de l'effet : elle n'avait pas été ivre depuis plusieurs jours.

En hypnoméditation, j'imprégnai son subconscient du dégoût absolu de l'alcool. Puis je convoquai son époux et sa fille. Je leur fis comprendre que l'alcoolisme de madame Dietrich devait être considéré comme une maladie dont elle ne guérirait qu'à force d'amour et de patience.

Deux ans se sont écoulés. Il y a peu de temps, madame Dietrich est revenue me voir, désirant renoncer à la cigarette. Mon intervention avait donné à son foyer un regain de bonheur. Aussi, par amour pour son époux non fumeur, elle souhaitait arrêter de fumer. Ce qui se produisit au bout de deux séances d'hypnothérapie.

• L'ambition maladive.

Monsieur Neumann se sentait mal à l'aise ces derniers temps. Il dirigeait un atelier de photographie publicitaire et son affaire marchait bien, mais il y perdait peu à peu tout intérêt. Il se montrait irritable à tel point que sa femme menaçait de le quitter. Les examens médicaux donnaient tous le même résultat : sa santé était bonne. Le médecin le soigna pour dystonie végétative. Les médicaments ne firent aucun effet. Peu à peu, Mr Neumann commença à souffrir d'insomnies et à maigrir. Il était surmené, la moindre contrariété l'irritait outre mesure et le plongeait dans un état dépressif.

Lorsqu'il vint me consulter, il était dans un état de nervosité extrême et avait perdu cinq kilos. Au cours de l'entretien, il me confia ses craintes de ne pouvoir survivre à la concurrence qui l'obligeait à accepter des travaux à prix des moins élevés. Il voulait cependant à tout prix maintenir son chiffre d'affaires.

Il retrouva le calme grâce à l'hypnoméditation. Puis, en suivant des cours de psychocybernétique, il reconnut que la cause de son mal était son ambition démesurée.

Quelques semaines plus tard Mr Neumann me téléphona pour me remercier de l'excellent résultat obtenu : il avait tempéré son ambition et se sentait à nouveau bien.

LA KLEPTOMANIE

• Flagrant délit

Dans un magasin, un homme barra la sortie à une dame élégante, en manteau de fourrure. Il lui demanda de le suivre à la direction. Là, en tant que détéctive du magasin il la pria de sortir de sa poche le briquet qu'il l'avait vu y glisser.

Elle protesta vivement et refusa. Le détective se saisit du téléphone, décidé à appeler la police. Elle fléchit et en larmes, ouvrit son sac à main où se trouvait le briquet volé à côté d'un magnifique briquet en or !

• Le désir impérieux au vol

Le briquet volé d'une valeur de 20 Francs constituait cependant un délit à signaler conformément au règlement. La dame supplia le directeur d'étouffer l'affaire afin de ne pas porter préjudice à la carrière de son mari. Elle s'en tira en payant une somme d'argent.

Mais pourrait-elle résister une autre fois à cette force énigmatique qui la poussait au vol ? Malgré sa volonté, elle récidivait.

Elle vint me trouver et me demanda, désemparée, de l'aider.

Je la priai de me parler de sa vie, afin de découvrir la cause de son mal. Très jeune, elle avait perdu son père. Aînée de cinq enfants, elle avait dû se contenter du strict nécessaire pour ne pas léser ses frères et soeurs. Souvent, elle regardait la vitrine des magasins pour y admirer les articles malheureusement inaccessibles. Un jour, ne pouvant résister, elle commença à voler. La kleptomanie était ainsi amorcée...

• Comment guérir la kleptomanie

C'était une personne agréable et patiente. J'entrepris le traitement par hypnoméditation. Dans cet état, je lui fis revivre les soucis et les privations de son enfance. Puis, à l'aide de la méditation par l'image mentale, j'entrepris d'effacer de son subconscient le comportement à éliminer et d'y imprégner celui dont nous avions convenu lors de notre conversation préliminaire.

De séance en séance, je la trouvai plus calme, plus sûre d'elle-même. J'interrompis le traitement au bout de la cinquième séance. Grâce à l'hypnoméditation, elle avait assouvi, au moyen de la méditation par l'image mentale, tous ses désirs d'enfant privée, refoulés en son subconscient. Ainsi neutralisée, la cause de sa kleptomanie n'avait plus de raison de persister dans les faits. Elle était guérie.

L'APATHIE VAINCUE

• Trouver une motivation.

Ralph était adolescent de quinze ans. Ses résultats scolaires étaient mauvais, ce qui faisait le désespoir de ses parents, mais ne semblait nullement l'inquiéter. Il ne s'intéressait à rien, ignorait les semonces, et n'avait aucun projet d'avenir.

Il fallait d'abord trouver une motivation propre à changer son attitude apathique, et pour cela, l'exercer à la reflexion en conversant avec lui.

Après reflexion, Ralph émit l'idée d'entrer dans la police. Mais il lui fallait le B.E.P.C. Il commença alors à montrer un intérêt, et entreprit d'améliorer ses performances sportives et ses résultats scolaires.

• Comment stimuler les sensations aux moyen de l'entrainement.

Avec les étudiants, je fais du travail de groupe.

Au moyen de l'hypnoméditation, j'imprègne le subconscient de l'individu du programme établi lors de l'entretien préalable.

- Puis j'intègre le sujet au groupe où j'allie jeu et compétition. L'objectif du travail de groupe est de stimuler l'individu par l'émulation. Pour atteindre ce résultat, je renforce considérablement toutes les impressions sensitives. Paralellement, j'entreprends la destruction des complexes afin de délivrer le sujet de toute entrave qui nuirait à l'utilisation optimale de ses forces.

Ralph se montra très intéressé, se mit à travailler avec ardeur, il combla ses lacunes et ses notes s'améliorèrent.

L'effet obtenu au moyen d'un travail de groupe continue à opérer longtemps après la fin du traitement. La mère de Ralph m'appela, heureuse de m'apprendre les résultats de son fils : il avait réussi son examen d'entrée dans la police avec un « A ».

C'était intéressant. Je pus ainsi constater que l'hypnoméditation a un effet durable.

• Se délivrer des complexes.

Thomas dix sept ans, était beau garçon et plaisait aux filles. Mais il avait des complexes, rougissait, bégayait, et aurait voulu parfois disparaître sous terre.

Il vint en fait me consulter en raison d'une baisse de ses résultats scolaires.

Au cours de notre conversation, j'en découvris la cause : c'étaient ses complexes vis-à-vis des filles.

J'avais alors un cas analogue en la personne de Gaby, une jeune fille de dix neuf ans qui était très belle. Elle avait un ami depuis deux ans sans avoir pu lui accorder la faveur d'un baiser. Il me vint l'idée de traiter ensemble Gaby et Thomas.

Nous commençâmes par convenir d'une méditation par la parole et par l'image mentale appropriée aux deux cas. Thomas pouvait se détendre sur commande. Mais il fallut quatre séances à Gaby pour obtenir le calme requis à l'hypnose.

Au cours de la huitième séance, je leur fis jouer les situations qui pour eux étaient délicates. Certes ils avaient tous deux les joues rouges, mais je pus constater qu'il ne subsistait plus trace de leurs complexes. J'interrompis le traitement au bout de la neuvième séance.

COMPLEXES VIS-A-VIS DES FEMMES

Nos complexes nous empêchent souvent d'entreprendre ce qui est nécessaire pour résoudre nos problèmes. Tel était le cas de Monsieur Koss, un horticulteur. Son problème était la solitude qu'il trompait en s'absorbant dans son travail. Son désir d'avoir une épouse demeurait, mais ses complexes l'empêchaient d'approcher une femme.

Au cours de notre conversation, j'appris qu'il s'adonnait à la peinture pendant ses loisirs. Je trouvai ses oeuvres très originales.

Je lui conseillai d'organiser une exposition de ses toiles avec l'aide d'un de mes amis photographe. En hypnoméditation, je le confrontai avec cette exposition dont je lui suggérai le déroulement et les variantes.

Le succès dépassa tous les espoirs. plusieurs tableaux furent vendus. Mais, Monsieur Koss se replia davantage sur lui-même. Comme il ne venait plus me consulter, j'allai le trouver chez lui. Pour cet être replié sur lui-même ce succès avait eu l'effet d'un choc. J'avais voulu l'aider trop vite alors qu'il s'agissait de le sortir pas à pas de sa situation.

En hypnoméditation, je lui fis vivre de nombreuses fois la rencontre et l'attitude à adopter envers les femmes. Peu à peu, son esprit s'épanouit et il se familiarisa avec cette image mentale. Un jour, il décida de passer une annonce. Dix-sept réponses affluèrent à sa demande. Voyant sa réaction, j'en déduisis que mon aide lui était désormais superflue.

MÉNAGE A TROIS

D'après les statistiques, quarante pour cent des couples se déclarent insatisfaits de leur mariage. Vingt-huit pour cent envisagent le divorce. Les problèmes conjugaux sont donc fréquents.

Toujours d'après les statistiques, soixante pour cent des couples vivent apparemment sans problème.

Le problème de Monsieur Berglar, assez original il faut en convenir, avait commencé le jour où il imposa à son épouse une vie commune avec sa maîtresse. Mme Berglar refusa d'abord puis finit par accepter cette situation de ménage à trois. Contre toute attente, les deux femmes devinrent amies si bien que Monsieur Berglar avait l'impression d'être de trop. Elles finirent par le quitter pour aller habiter ensemble.

Il se retrouva seul, désemparé, avec des complexes d'infériorité, ce qui le conduisit à la dépression et à l'alcoolisme.

Je l'en débarrassais au moyen de l'hypnoméditation. Mais il restait à réparer son ménage brisé. Il convainquit son épouse de l'accompagner à la consultation afin de voir si, à la suite de l'entretien, il y avait une chance de sauver leur couple.

Effectivement, l'épouse reprit la vie commune à la grande joie de leurs deux enfants.

LA DÉPRESSION NERVEUSE

La maison où je me rendis, se trouvait dans un endroit idyllique en pleine forêt. On n'y entendait que le chant des oiseaux. J'allais pour traiter la depression nerveuse de M. et Mme Bernhausen.

Monsieur Bernhausen, peintre de talent était marié à une spécialiste en art graphique. En raison de leur nature semblable, ils formaient un couple harmonieux. Leur regret était d'être restés sans enfant.

Un jour, ils hébergèrent une élève de Monsieur Bernhausen, âgée de dix huit ans. Ils l'accueillirent dans leur foyer comme leur propre fille. Huit années s'écoulèrent ainsi dans un bonheur parfait. Puis elle connut un jeune homme et ils tombèrent amoureux. Ils décidèrent d'aller vivre ensemble. Elle en avait fait part à Monsieur et madame Bernhausen qui, très attachés à elle accusèrent le choc de la rupture. Ils sombrèrent tous deux dans la dépression. Les piqûres et cachets étaient sans effet. Ils m'appellèrent en consultation.

Je proposai un traitement commun par hypnoméditation, probant pour madame Bernhausen, alors que le cas de son époux se révélait difficile. Au fond de son coeur, il caressait l'espoir d'un éventuel retour de la jeune fille. En conséquence, mon traitement demeurait sans effet.

J'allai trouver la « jeune fille » en la priant de détruire tout espoir de retour au foyer des Bernhausen. Après quelques hésitations, elle consenti à aller les voir et à affirmer sa décision de vivre sa propre vie.

Enfin persuadé de ses chimères, Mr. Bernhausen se soumit au traitement. Au moyen de la méditation par la parole et par l'image mentale, nous construisime un monde où il n'y avait de place pour une tierce personne. Huit séances suffirent pour oter trace de sa dépression.

Cet exemple illustre que l'hypnoméditation est le moyen idéal de se débarrasser de ses maux. Les bénéficiaires d'un tel traitement en tirent une nouvelle joie de vivre.

LA TOXICOMANIE

Un jour, je reçus un appel téléphonique désespéré : « Ma fille se drogue depuis longtemps et nous venons seulement de l'apprendre. Croyez-vous pouvoir y remédier ? ».

Il s'agissait d'une fille unique, Doris, âgée de seize ans. la veille, ses parents avaient appris qu'elle ne fréquentait plus le lycée depuis plusieurs jours. Au cours d'une explication orageuse, Doris leur annonça sont intention d'aller vivre chez des amis à Cologne. Esclave de la drogue, elle refusait de continuer ses études. Il n'était pas question pour elle de se faire examiner par un médecin, ni de s'informer sur une cure de désintoxication.

Comment lui venir en aide ? Il était difficile de la rencontrer car elle s'absentait souvent de chez ses parents. Je décidai alors de venir traiter sa mère, avec l'accord de celle-ci, par auriculothérapie. Ce traitement nécessité la présence de Doris.

Les aiguilles appliquées derrière l'oreille montrèrent des troubles aux reins et à la vessie ainsi que la présence de migraine. Je proposai le test à Doris mais elle refusa. Néanmoins, elle se soumit volontiers à une investigation au moyen d'un détecteur différentiel cutané au niveau de l'oreille. Les points en relation avec le foie, la rate le pancréas, et les reins s'avérèrent être particulièrement douloureux. Il n'y avait pas de temps à perdre. Je lui proposai un traitement par hypnoméditation et elle accepta.

Elle vint me consulter et je l'enjoignis de me raconter son histoire : A une party, elle avait fait la connaissance d'un étudiant qui l'avait initiée à la drogue. Par la suite, il lui en fournissait régulièrement. Il ne lui plaisait plus autant qu'au début mais elle ne pouvait plus se passer de la drogue.

Je commençai le traitement après lui avoir recommandé d'aller consulter un médecin, car l'examen des organes atteints était nécessaire. Les résultats étaient mauvais ; mais heureusement, le préjudice n'était pas irréparable.

L'hypnoméditation réussissait et je me réjouissais du résultat. Elle ne vint pas à la quatrième séance. Elle m'appela et me dit qu'elle avait revu son ami étudiant. Elle revint, après son nouveau « trip » dont je supposais qu'il avait dû être violent. Dès lors, elle collabora intensivement à mon travail. Elle fut guérie au bout de vingt trois séances. Actuellement mariée, elle mène une vie tout à fait normale et heureuse.

PERTE PARTIELLE DE LA MÉMOIRE

Je n'oublierai pas de sitôt le major Bolkow car son histoire est assez originale. Il possédait d'immenses biens en Poméranie, mais il dut fuir son pays pendant l'exode avec sa famille.

Il emportèrent cependant leurs bijoux de famille. Ils furent hébergés chez des amis dans le Bas-Rhin. Ce fut dans leur propriété qu'il enterra les bijoux, en un endroit selon lui facilement répérable. Malheureusement il ne put jamais se souvenir du lieu. Entre temps, sa femme et sa fille étaient mortes. Il vivait d'une maigre pension.

Il vint me consulter pour l'aider à renoncer à la cigarette. Au cours de l'entretien préliminaire, il me raconta sa singulière histoire. Je lui offris de réveiller sa mémoire défaillante. En hypnoméditation destinée à se défaire de l'envie de fumer, il est prouvé qu'on peut atteindre un état de transe profond. J'induisis alors l'état d'« hypermnésie » ou rappel de souvenirs et d'événements enfouis dans la mémoire. Je le ramenai ainsi à l'année 1947, à l'endroit précis où il avait enterré les bijoux. Je lui fis tracer un plan du lieu en question. Sorti de l'état d'hypnose, son regard s'attacha immédiatement au dessin.

En effet, le jour même, il m'appela au téléphone pour m'annoncer qu'il avait retrouvé son bien.

L'INSOMNIE

Veuve depuis deux ans, madame Schneider avait légué une boucherie et deux maisons à son fils unique. Depuis, elle souffrait d'insomnies. D'après elle, son fils dépensait l'argent inconsidérement. Une porte de garage à ouverture automatique et un bar dans le sous-sol constituaient à ses yeux des dépenses inutiles. Pourtant le chiffre d'affaires avait triplé depuis que son fils avait modernisé l'entreprise. Sur ma demande son fils m'expliqua qu'il n'y avait pas lieu pour sa mère de s'inquiéter. Recevoir des amis de temps en temps dans le sous-sol constituait pour lui la seule détente qu'il s'octroyait en compensation de son dur labeur. Madame Schneider, heureuse, se rendit à cette opinion. Je pensais alors que ses insomnies étaient terminées. Cependant, elle revint me consulter car elle continuait à souffrir d'insomnies. Apparemment l'ancien schéma de comportement subsistait dans son subconscient.

Deux séances d'hypnoméditation le neutralisèrent et elle retrouva le calme.

LA PEUR DES RETRAITÉS

Les retraités, en particulier, souffrent d'insomnies. Pourtant, la plupart auraient raisons de bien profiter de leur temps. Ils disposent d'argent, et de beaucoup de temps pour s'adonner aux loisirs et à des hobbies. Mais il semble qu'avec l'âge ils perdent toute initiative. Libérés de leurs contraintes et de leurs responsabilités, ils ne savent pas comment utiliser leur temps.

Je vais citer l'exemple de Monsieur Jensen. En tant que directeur général d'une compagnie d'assurance, il avait assumé d'importantes responsabilités pendant près de quarante ans jusqu'à sa retraite. Propriétaire de trois maisons, disposant d'une retraite confortable, il était à l'abri des soucis.

Pourtant, il était dépressif et souffrait d'insomnies. Cet homme actif, riche en idées et habitué à les faire exécuter par son personnel se trouvait maintenant inutile.

Il vint me consulter. Je commençai par le calmer au moyen de l'hypnoméditation. J'exprimai verbalement l'essentiel de mon traitement en ces termes :

- Vous êtes tout à fait calme...Sentez un merveilleux sentiment de calme et d'harmonie se répandre en vous... de votre coeur monte un indicible bonheur...

Tous les soirs, dès que vous vous couchez, vous sentez cette impression de paix et d'harmonie... vous vous endormez tout de suite... vous dormez d'un sommeil de plomb jusqu'au matin... votre sommeil est naturel, délassant... le matin, vous vous réveillez reposé, frais et dispos...puis, vous sentez cette merveilleuse sensation de paix et d'harmonie... vous êtes gai et heureux... de jour en jour, votre bonheur s'accroît... fini les peurs et les dépressions... de jour en jour vous vous sentez de mieux en mieux...

• Suggestions destinées à influencer favorablement les déprimés et les insomniaques.

-« Tous les soirs, dès que vous vous couchez, vous oubliez vos soucis... sentez cette merveilleuse sensation de paix... vous vous endormez tout de suite... vous ne vous réveillez pas de la nuit... vous dormez profondément jusqu'au matin... A votre réveil, vous sentez ce merveilleux sentiment de paix et d'harmonie... vous êtes gai et heureux... vous vous sentez heureux toute la journée... de jour en jour, vous allez mieux... fini les peurs et les dépressions... vous êtes de plus en plus heureux... de jour en jour vous vous sentez mieux à tous points de vue».

• De nouveaux points d'intérêts engendrent une nouvelle raison d'être.

Je le laissai réfléchir une demi-heure afin d'imprégner son subconscient des suggestions données et qu'elles s'intègrent à sa personnalité. Nous recommençâmes le traitement plusieurs fois. Monsieur Jensen devenait visiblement plus calme. Il dormait mieux. Cependant, son problème n'était pas résolu pour autant.

Riche en expérience professionnelle et en connaissance de la vie, il avait un besoin vital de les communiquer à autrui. Son contrat lui interdisait d'organiser des séminaires pour débutants dans la branche des assurances. Je lui suggérai donc de mettre son temps et son expérience à profit bénévolement à la disposition des gens qui viendraient lui demander conseil.

Monsieur Jensen est devenu conseiller. Malgré ses soixante-dix ans, il est heureux d'être actif et de se sentir utile.

7

REALISEZ-VOUS VOUS-MÊME

• Dire « oui » à la vie et Etre heureux de vivre grâce à une pensée positive.

• Le merveilleux don de la pensée.

Tout être humain est doté d'un conscient et d'un subconscient. Malheureusement, la plupart des gens ignorent le second et s'identifient exclusivement au premier, bien que cette partie de la personnalité corresponde seulement à vingt pour cent du potentiel psychique.

Toute personne « pense ». Cette faculté est la seule que nous développons dès la naissance sans aide extérieure voire même à notre insu. « Penser » fait partie de l'individu. Personnelle à chaque être humain, la pensée « est » mais ne peut se définir en son essence.

La faculté de penser étant acquise, je peux vous faire découvrir les pouvoirs de votre esprit et vous donner le moyen de vous en servir à bon escient.

Nous sommes libre de l'usage que nous faisons de ce don merveilleux de la pensée. C'est le noyau de notre Moi qui fait de nous , pour une partie, un esprit.

• Le corps, instrument de l'esprit.

Le corps est un instrument dont nous nous servons dès notre naissance. Mais c'est l'esprit qui dirige ce corps et le maintient en bonne santé.

Si nous vivons en harmonie avec nous-mêmes et notre environnement, cet automatisme fonctionnera pour notre plus grand bien. Mais le moindre déséquilibre constituera une agression psychique qui se manifestera sous forme de maladie physique.

Malheureusement la civilisation et rythme de vie que nous connaissons, ne nous permettent guère de conserver la sérénité requise à un équilibre psychique parfait. Il est néanmoins vital de consacrer au moins quelques minutes par jour à notre hygiène mentale pour nous libérer du trop-plein de nos soucis quotidiens.

L'ESPRIT OPÈRE LA GUÉRISON SPONTANÉE

• « Nous sommes ce que nous croyons être »

C'est là une maxime vitale pour notre santé physique !

Expériences à l'appui, je peux certifier la théorie que tout remède opère selon l'effet qu'on en attend. En conclusion, son efficacité est intimement liée à notre état d'esprit. Si vous n'en attendez rien, si vous n'avez pas foi en votre guérison, vous ne guérirez pas.

• La foi peut sauver ou tuer.

Nous en trouvons maints exemples chez les peuplades primitives certains sujets d'Hawaî ou de Bornéo, « maudits » par leur sorcier, meurent au bout de trois jours malgré une constitution physique robuste.

En conséquence, si la foi peut tuer un être humain en un si court laps de temps, elle peut aussi le sauver. La guérison spontanée existe donc. La foi est le déclic du vrai pouvoir de guérison contenu en notre esprit.

Goethe disait à juste raison que - « C'est l'esprit qui gouverne le corps ».

• Toute pensée tend à se réaliser.

Si votre situation ne vous satisfait pas ou si vous êtes malade, commencez par modifier votre état d'esprit. L'effet positif qui en découle neutralisant la cause, vous obtiendrez une meilleure santé et une situation satisfaisante. Apprenez à faire confiance à la puissance de votre esprit et utilisez-la. Pensez que vous détenez le pouvoir de vous maintenir en bonne santé. Quand la pensée est saine, le corps est sain.

L'état de votre corps est le reflet de vos pensées. Toute pensée tend à se réaliser, elle se manifestera par l'état de votre corps.

• La pensée positive : une habitude à adopter.

En pensées, soyez en bonne santé, fort, courageux, gai, aimable, heureux et couronné de succès. Soyez ainsi constamment et refusez toute pensée négative.

L'habitude de la pensée positive vous donnera une sorte de rayonnement. Vous projetterez sur les autres votre joie de vivre. Ils finiront par adopter votre façon « positive » d'assumer l'existence. Pensez aux autres. Vous constaterez qu'ils pensent aussi à vous.

Votre vie sera plus intense et plus riche par le fait que vous vous serez fait à vous même ce cadeau, celui de la pensée positive.

Vous en serez récompensé. J'ajouterais même : *Attendez-en le miracle immédiatement.*

• Le doute détruit l'effet de la pensée.

Certaines de vos pensées positives restent sans effet. C'est parce que vous avez transposé l'effet dans le futur et que vous admettez le doute.

Ne pensez donc pas : - « Je guérirai bientôt ». Au contraire soyez assuré d'être guéri, maintenant et pour toujours. Il suffit de bannir de vos pensées l'idée de la maladie.

Par conséquent, refusez malgré vous l'ombre du doute qui détruit l'effet de toute pensée. Si votre doute, persiste malgré vous concentrez vos pensées sur la négation de la maladie, comme si cette dernière n'existait plus.

LE MERVEILLEUX POUVOIR DE LA GRATITUDE

• Le sentiment de gratitude conserve la santé psychique et physique.

Etre en bonne santé nous semble tout à fait normal. Il est si naturel d'en jouir pleinement ! C'est pourquoi il ne nous vient généralement pas à l'esprit d'exprimer de sentiment de reconnaissance. C'est lorsque cette santé se trouve altérée que nous nous plaignons.

Que faire pour la conserver sinon de dire « merci » lorsque nous l'avons. On réalise la valeur de ce mot quand on évoque des situations désespérées de malchance et de maladie.

Nous nous comportons comme des enfants en quémandant sans cesse et toujours davantage sans en demander le prix. Il est trop facile d'implorer la Justice pour notre personne ! Mais pensons-nous aussi à traiter les autres équitablement ? On accuse le sort, on se révolte contre l'Injustice. Ne nous est-il jamais venu à l'esprit que l'Injustice peut parfois être juste ?

• La gratitude garanti ce que nous possédons

Soyez reconnaissant des biens que vous possédez et cessez de vous plaindre des futilités qui vous manquent. Dites merci pour une belle journée, pour un travail stable, pour la santé de vos enfants. Soyez particulièrement reconnaissant de pouvoir exclure de votre existence les soucis, la maladie et le besoin grâce à une pensée positive.

Bien souvent l'idée d'une reconnaissance ne nous vient seulement que lorsque nous nous tirons d'une situation périlleuse. Nous devons nous montrer reconnaissant des nombreuses choses dont nous sommes en possession car ce sentiment est le seul moyen de pouvoir les conserver.

• Les pensées d'aujourd'hui déterminent le sort du lendemain.

« Je remercie Dieu tous les jours pour ce que m'apporte la vie. Je remercie pour ma chance, pour mes joies et aussi pour les embûches, les déceptions. Je demande pardon pour les préjudices portés aux autres et me libère ainsi de ma culpabilité.

Je suis certain de pouvoir forger le lendemain par mes pensées d'aujourd'hui. C'est pourquoi j'ai soin de les formuler selon mes souhaits les plus sincères ».

Voici le moyen de payer ses dettes spirituelles, entraves à la sérénité. Utilisez vos pensées pour un lendemain meilleur. Le chemin de la santé, du bonheur et de la chance vous est ouvert ! Prenez la peine de la découvrir en tout optimisme. Retenez en toute chose le meilleur : c'est le fruit de vos pensées positives. En vivant de cette façon, votre vie vous satisfaira pleinement.

SOYEZ OPTIMISTE

• Le pessimiste fait lui-même son malheur

Vous connaissez l'histoire des deux grenouilles qui tombèrent un jour dans un pot de lait. L'une dit : « Je ne m'en sortirai jamais ». Et elle se noya. L'autre par contre, décidée à se tirer d'affaire continua à patauger. Elle se débattit si bien qu'elle battit le lait en beurre. Elle put monter à la surface et fut sauvée.

Naturellement, ce n'est qu'une histoire. Mais n'est-elle pas applicable à nombre de situations de notre vie ? Le pessimiste se consume dans la malchance. L'optimiste, par contre, essaye de forcer la chance. Souvent c'est l'inattendu qui sort l'optimiste d'une situation désespérée. Le pessimiste dira : « Certes, il a eu de la chance ». C'est faux ; on apprend à avoir de la chance.

• Les optimistes ont la chance avec eux.

Prenons un cas précis. Plusieurs candidats se présentent à un poste intéressant. En général, l'optimiste a le sourire, il est sûr de lui, et l'emporte. Il lui suffit de tendre la main. Son secret c'est sa confiance dans la vie qui le gratifie en retour.

Le pessimiste afferré dans son opinion négative de défaitiste, se dit « J'étais sûr de ne pas obtenir ce poste. Je n'ai pas de chance. C'est mon destin : les autres me prennent toujours le meilleur ».

• On ne naît pas optimiste.

L'état d'esprit du pessimiste est une lamentable erreur. On ne naît pas optimiste : on le devient .

Ayez toujours à l'esprit que ce n'est pas la fatalité qui fait de vous un optimiste ou un pessimiste. Vous créez vous-même votre personnalité au moyen de vos pensées et vos états d'esprit. C'est vous qui choisissez d'être l'éternel pessimiste ou l'optimiste dont les désirs se réalisent.

NOS PENSÉES SONT NOTRE DESTIN

Façonnez votre vie d'après cette idée qui doit vous inciter à adopter définitivement la pensée positive. Si vous attendez le meilleur de la vie vous l'obtiendrez.

• Tendre la main à la chance.

Si vous voulez avoir de la chance, tendez-lui simplement la main. Elle vous donnera ce que la vie vous doit comme fruit de vos pensées positives. L'effet de vos pensées positives donnera des résultats positifs. Cette loi est aussi réversible, en conséquence, à pensées négatives, résultats négatifs.

• Voyez-vous arrivé au but.

Si vous vous êtes fixé un objectif à atteindre, imaginez constamment la réalisation.

Par exemple, vous avez posé votre candidature à un poste intéressant. Imaginez le chef du personnel venir vous trouver et vous dire : - « Nous avons décidé de vous engager ». Ayez toujours à l'esprit que toute pensée tend à se réaliser.

En partant de cette certitude, voyez l'objectif visé déjà atteint.

• la technique de l'image mentale stimule les énormes pouvoirs de votre esprit.

Cette technique vous permet d'activer d'énormes forces contenues en votre subconscient. Donnez lui une image mentale claire et nette de l'objectif à atteindre. Toutes ses forces disponibles y convergeront à seule fin de le réaliser.

« OUI » : LE MOT LE PLUS IMPORTANT

• « Oui » un état d'esprit positif.

Dites « oui » à la vie, pensez « oui », ressentez « oui » : Même quand vous avez des problèmes, dites « Oui «. Et vous vous sentirez mieux.

Ignorez le « Non » car il ne résoud rien et vous empêche de regarder la difficulté en face.

Dites « Oui » ; ce simple mot vous donnera la volonté de vaincre

En n'importe qu'elle circonstance, dites « oui » : si vous avez raté votre bus, si vous recevez de la visite alors que vous êtes sur le point de sortir. « Oui » à un week-end pluvieux. Que vous importe la pluie si le soleil est en vous ?

« Oui » est le meilleur des remèdes. Un simple « oui » et tout va déjà mieux. Conditionnez-vous à devenir maître de cet art de vivre qui transformera votre personnalité.

Il est erroné de penser que l'argent fait le bonheur et est le remède à tout problème.

C'est même quelquefois un piège.

● Dire « oui » à la vie engendre la joie de vivre.

Celui qui ouvre son coeur à la vie et aux événements qui la traversent peut aussi apprécier les petites choses comme le sourire d'un enfant ou un bon souvenir ! C'est de l'ouverture aux choses de la vie que dépend la joie de vivre qui donne un sens à la vie elle-même.

ÊTES-VOUS OPTIMISTE ?

● Voici un test qui vous permettra d'en juger.

1 - Le ciel est couvert.

- 1 - vous laissez votre parapluie à la maison car vous pensez qu'il ne pleuvra pas pendant votre sortie.

2 - vous prenez systématiquement votre parapluie.

2 - Il neige :

1 - vous vous réjouissez des possibilités offertes par les sports de neige.

2 - vous êtes contrarié en pensant aux problèmes de circulation qui en résultent.

3 - Vous avez subi un échec :

1 - vous vous dites : « la prochaine fois, je réussirai »

2 - vous pensez que de toute façon c'était perdu d'avance.

4 - Vous êtes en vacances :
1 - vous vous liez facilement
2 - vous préférez rester seul

5 - Dans la vie courante :
1 - vous vous sentez apprécié
2 - vous vous sentez souvent être en trop

6 - Quand vous prenez votre bain :
1 - vous chantez ou vous sifflez.
2 - vous pensez qu'il s'agit seulement d'une mesure d'hygiène

7 - Vous rencontrez quelqu'un qui est de bonne humeur :
1 - vous l'appréciez
2 - vous le considérez comme un original

8 - Un de vos amis se trouve dans une situation difficile :
1 - l'aidez-vous à s'en sortir ?
2 - l'accavlez-vous encore davantage avec vos propres problèmes

9 - Pensez-vous que :
1 - la plupart des maux résultent de pensées négatives
2 - les maux sont envoyés par le sort.

10 - Vous vous présentez à un poste pour lequel il y a déjà dix autres candidats :
1 - vous pensez que vous avez une chance
2 - vous abandonnez

11 - Pour vos vêtements :
1 - aimez-vous les couleurs claires et gaies ?
2 - préférez-vous les couleurs sombres.

12 - Pensez-vous que :
1 - les événements trouvent en fin de compte une solution
2 - cette idée ne vous effleure même pas.

Résultat du test :

- vous avez répondu oui à plus de dix questions portant le n° 1 : vous êtes assurément un optimiste.

- vous avez répondu oui à plus de six questions : vous faites bonne figure à la vie sans toujours y réussir. Apprenez à dire « oui » car vous avez toutes les chances de devenir un véritable optimiste.

- vous avez répondu oui aux questions portant le n° 2 : vous êtes un pessimiste et demeurez l'éternel insatisfait.

Dites-vous que rien n'est jamais désespéré. Conditionnez en vous l'optimisme, en donnant à votre état d'esprit une vue positive au moyen de la psychocybernétique. Au bout d'un certain temps, vous constaterez les effets de votre changement : les gens vous apprécieront ; vous vous réjouirez d'un rayon de soleil ; vous retrouverez goût à la vie.

La psychocybernétique vous aidera à devenir l'optimiste.

LE SENS DE LA VIE

• L'idée est l'acte créateur.

Au commencement, il y a l'idée. Rien n'existe qui n'ait été pensé au préalable. par conséquent, l'idée est à l'origine de la création, de l'acte créateur.

Nous devons notre existence terrestre à l'idée créatrice, que nous attribuions l'origine de la vie à Dieu, à la nature ou à l'énergie cosmique. Nous sommes obligés d'admettre que nous sommes en face de quelque chose qui dépasse les dimensions de notre pensée humaine.

Toute pensée a un sens et tend vers un but. C'est notre devoir d'en concevoir le sens et d'en réaliser l'objectif donné. La méditation nous permet de trouver en nous-même le sens de notre vie. C'est en contact avec notre Moi profond dans le silence de la méditation que nous approfondissons la notion de pensée à l'origine de notre existence.

• Notre destin est entre nos mains.

Avoir la notion de ce qu'est la pensée ne suffit pas. Il s'agit de l'appliquer dans les faits pour accomplir notre vie selon le plan que nous avons tracé.

Notre Créateur nous a donné la faculté de la pensée créatrice ainsi que la liberté de choisir. Vivre en équilibre ou en déséquilibre avec nous-même et notre environnement relève d'un choix personnel.

Notre destin est entre nos mains et nous recoltons ce que nous semons. Nous faisons partie intégrante de la création, à laquelle nous prenons une part active grâce au pouvoir de la pensée créatrice, nous avons, en quelque sorte, droit de regard sur une partie de la Création

Le sens de notre vie est de comprendre la pensée qui est à l'origine de notre existence, de la réaliser, et de devenir ce que Dieu a voulu que nous soyons.

8

LA PSYCHOCYBERNETIQUE ET LES ENFANTS

Je voudrais terminer ce livre en traitant de la psychocybernétique appliquée aux enfants, un sujet qui intéressera parents, enseignants et éducateurs. En effet, un grand nombre d'entre eux se heurtent aux problèmes causés par les enfants dont ils ont la responsabilité.

L'application de la psychocybernétique sur les enfants s'avère non seulement intéressante mais aussi extraordinairement concluante. Les enfants sont confiants et réceptifs, et appliquent naturellement les techniques proposées. Par conséquent, le succès de la technique est garanti.

● Les enfants coopèrent avec enthousiasme

Il faut bien sûr adapter les techniques à l'univers particulier des enfants. Ils coopèrent alors de la manière la plus enthousiaste. Leurs progrès ont souvent une heureuse influence sur leurs parents dont la vie se trouve parfois transformée par réaction.

La psychocybernétique s'avère particulièrement efficace dans l'amélioration des résultats scolaires.

COMMENT AMELIORER LES PERFORMANCES SCOLAIRES AU MOYEN DE LA PSYCHOCYBERNETIQUE

Je vais vous citer des exemples d'enfants traités avec succès par mes méthodes.

• Bon en sport, mauvais en études.

Jürgen, un garçon de treize ans, était le plus jeune de sa classe. Il était bon en sport, mais nul dans les autres matières. D'année en année, ses résultats baissaient à tel point qu'un redoublement fut envisagé. Ses parents tenaient un magasin d'épicerie et n'avaient guère de temps à lui consacrer.

Voyant ses mauvais résultats scolaires, ils projetèrent de le remettre en primaire, ce à quoi Jürgen s'opposait énergiquement, bien que ne sachant pas comment il pourrait être admis au lycée.

Au club de football, il fit la connaissance d'un autre garçon qui lui dit avoir résolu des problèmes semblables grâce à la psychocybernétique. Bien que sceptique, Jürgen en parla à ses parents, qui accèptèrent de l'inscrire aux cours.

Je lui demandai d'apporter de quoi écrire, une couverture et un oreiller, et de mettre des vêtements confortables, car je fais travailler les enfants en groupe de dix et étendus.

• Le lieu de retraite mentale chez l'enfant.

On peut le lui faire imaginer.

En ces termes par exemple :

Tu te trouves sur la terrasse d'une maison. Regarde devant toi : sept marches descendent vers un parc merveilleux. Inspire profondément l'air vivifiant et commence à descendre lentement les marches, une par une.

- marche 7 : rouge
Sur la première marche se trouve une tomate rouge. Tu vois distinctement cette tomate à portée de ta main. Touche-la ; sens sa peau fraîche et lisse. En faisant ce geste, tu es calme et tu te sens bien.

- Marche 6 : orange
Maintenant, inspire profondément. A l'expiration, tu descends lentement d'une marche. Là se trouve une orange. Regarde-la de près. Caresse-la de la main. Sens sa peau rugueuse. Sens aussi son parfum. Tu deviens de plus en plus calme.

- Marche 5 : jaune

Maintenant, inspire profondément. A l'expiration, tu descends sur la marche suivante où se trouve une banane. Tu sens l'odeur de ce fruit. Touche-le et de ta main, tu en découvres les faces. Regarde : cette banane est d'un jaune resplendissant. Imagine distinctement cette couleur jaune. maintenant, tu es tout à fait calme et satisfait. Rien ne peut plus te perturber dans ta merveilleuse quiétude.

- Marche 4 : vert

Inspire profondément. A l'expiration, tu descends lentement sur la marche suivante où se dresse un sapin. Caresse l'arbre avec précaution : distingues-en nettement le vert profond. Sens le parfum de la résine : tu es heureux et libre.

- Marche 3 : bleu

Inspire profondément. A l'expiration, tu descends lentement sur la marche suivante où fleurit une magnifique fleur bleue. Inclines-toi vers cette fleur. Touche-la : ses pétales sont doux comme du velours. Sens comme son parfum est délicat. Tu sens que tout tes problèmes disparaissent. Tu es heureux et gai au fond de ton coeur.

- Marche 2 : lilas

Inspire profondément. A l'expiration, tu descends lentement sur la marche suivante où fleurit un lilas. Respires l'odeur de ce lilas. Touches-en les fleurs. Maintenant, tu t'en approches de très près. Vois, devant toi, cette magnifique couleur lilas. Tu éprouves une grande joie.

- Marche 1 : violet

Inspire profondément. A l'expiration, tu descends sur la dernière marche où se trouve une pensée. Son parfum est à peine perceptible mais sa couleur est magnifique, ses pétales doux comme du velours. Caresses-les, tu deviens tout à fait calme. En cette merveilleuse sérénité, tu te sens plus heureux que jamais.

• Le lieu de retraite mentale

Maintenant, compte lentement jusqu'à trois. A trois, tu te trouves dans ce parc merveilleux, et là, tout correspond à tes souhaits. Si tu aimes la mer, tu y trouve une plage magnifique. l'eau est si claire et si bleue que tu peux voir nager les poissons.

Si tu le veux, tu trouveras une montagne de l'autre côté du parc. Tu peux grimper jusqu'à son sommet et dominer ton royaume. Là c'est toi qui décides de tes souhaits. Si la montagne ne te plaît plus, tu peux l'éliminer comme par enchantement. En ce lieu, tout se passe selon tes désirs.

• La technique des tableaux.

L'exercice ci-dessus avait appris à Jürgen qu'une respiration appropriée permet la détente et la concentration parfaites.

Le lendemain, chaque enfant devait exposer son problème. Jürgen eut d'abord quelque difficulté à parler de ses échecs scolaires. Mais quand il vit que les autres parlaient ouvertement de leurs problèmes, ses complexes disparurent. L'animatrice leur expliqua les techniques destinées à résoudre leurs problèmes. Elle les écouta l'un après l'autre puis donna à Jürgen les instructions suivantes :

- Maintenant, tu te rendras chaque jour dans ton parc merveilleux en descendant lentement les sept marches. En ce lieu, tu disposeras deux tableaux : l'un noir et l'autre blanc. Sur le tableau noir, tu inscriras tout ce que tu désires changer à l'avenir. Dans ton cas, je propose les termes suivants :

-« En classe, je n'arrive pas à me concentrer. Je me laisse facilement distraire. Je participe rarement. Je ne m'intéresse pas à mon travail. Je ne fais pas consciencieusement mes devoirs. Je n'aime pas aller à l'école et je ne prépare pas suffisamment les matières du lendemain ».

Un fois ces mots inscrits lentement et distinctement sur le tableau, recule de quelques pas et relis-les. Puis, tu te saisis d'un gros marteau et tu réduis ce tableau en mille morceaux dont tu écrases les derniers avec tes pieds. Laisse exploser ta colère et promets-toi de changer tout à fait de comportement.

A présent, tu te calmes et tu te tournes vers le tableau blanc. Sur ce tableau tu inscris ton comportement futur :

• - Dès cet instant, je me concentrerai totalement sur ce que me dit le professeur.

• - En aucun cas, je ne me laisserai distraire. Si je connais la réponse, je décide de participer.

• - Je m'intéresse à la matière, je travaille consciencieusement

• - A la maison, je me concentre sur mes devoirs. Je les fais complètement et avec soin. Je ne me laisse pas distraire.

• - Lorsque mes devoirs sont faits, je me prépare aux cours du lendemain.

• - Je ne me laisserai tenter par aucune autre occupation avant d'avoir fait mes devoirs et préparé mes cours.

• - De jour en jour, j'accroîs mon intérêt à améliorer mes résultats scolaires. Je fais tout ce qui est en mon pouvoir pour atteindre mon but.

• - Je ferai consciencieusement tout ce que j'entreprends. Je me préparerai sérieusement aux cours du lendemain.

Maintenant, recule de quelques pas et relis le tout. Sens comme tu es soulagé d'être sur la bonne voie. Lis et relis, le temps d'amplifier ce sentiment de satisfaction personnelle, le temps de voir distinctement devant toi ton nouveau comportement. Imprègne-toi de cette image mentale.

Surtout, n'oublie pas de te rendre tous les jours dans « ton parc» Relis constamment ce qui est inscrit sur le tableau blanc. Ainsi les mots s'imprègnent profondément en ton subconscient jour après jour, ton nouveau comportement s'installera de lui-même.

• La répétition des images mentales positives

Les enfants s'exercèrent à la répétition de ces techniques, afin d'être capable de les appliquer seul à la maison. Certains étaient déjà convaincus d'avoir fait des progrès dans la résolution de leur problème. Jürgen avait l'impression que le nouveau comportement s'était intégré dans sa personnalité. Avant de clore le cours, l'animatrice soumit chaque enfant à un test psychologique afin de détecter d'autres problèmes éventuels.

A la maison, Jürgen reprenait les exercices avec espoir et enthousiasme. A l'aide de la technique des vingt et un jours, il fixa le nouveau comportement à adopter.

Simultanément, il suivait le conseil de l'animatrice et se représentait son but en variant l'image mentale.

Ainsi il imaginait que - son professeur le félicitait de ses bonnes notes. Son père, ravi, regardait ces résultats comme le plus beau cadeau de sa vie. Jürgen imagina sa récompense : une mobylette. Il se voyait gagner l'amitié d'autres camarades de classe avec lesquels il travaillait en commun. Il était heureux d'aller au cours.

L'enfant reproduisait en imagination ces images mentales avec des variantes.

Jour après jour, elles s'imprégnaient en lui. Au bout de quatre mois, il récolta le fruit de ses efforts. Ses résultats s'amélioraient sensiblement et il devint un des meilleurs élèves de sa classe.

Deux ans se sont écoulés. Lors d'un bref entretien avec lui, j'appris qu'il se destinait à des études de médecine. Ses performances scolaires actuelles lui permettaient d'entreprendre avec succès ces études. Il était d'avis que la psychocybernétique devrait faire partie de l'enseignement comme matière obligatoire.

La psychocybernétique appliquée aux enfants n'est pas uniquement destinée à régler les problèmes scolaires. Elle se révèle efficace pour les adolescents en particulier, en butte à de nombreux problèmes exprimés par le rongement des ongles, l'énurésie, une nervosité excessive. Pour ces cas précis, une forme particulière de la psychocybernétique est utilisée.

APPLICATION DE LA PSYCHOCYBERNETIQUE PENDANT LE SOMMEIL DE L'ENFANT

Tout être humain, l'enfant, en l'occurrence se trouve plusieurs fois par nuit en Alpha, c'est la phase où la fréquence du cerveau se situe entre 7 et 14 Hertz et où il est facile d'entrer en contact avec le subconscient de l'enfant.

La première phase Alpha commence peu après que l'individu soit endormi. A ce stade, les parents peuvent commencer à donner à l'enfant les suggestions appropriées.

Commencez par parler doucement lorsque vous êtes sur le pas de la porte. Avancez lentement vers le lit, parlez d'un ton à peine perceptible. En phase alpha, l'ouïe est en éveil et enregistre tout ce qui se dit.

Utilisez la méthode des « marches » en comptant de 7 à 1 avec les couleurs correspondantes, et conduisez votre enfant en son lieu de retraite mentale, c'est à dire son parc. Là, donnez-lui les suggestions. Ayez soin de ne formuler que des suggestions positives. Ne dites surtout pas :

- A partir de maintenant, tu ne mouilleras plus ton lit et tu ne te mettras plus en colère au moment d'y aller. Ton lit ne sera plus mouillé le matin.

Un telle suggestion donnerait l'effet contraire à celui escompté.

Formulez des suggestions positives, telles

• - Tu aimes aller au lit le soir.

• - Si tu as envie la nuit, tu te réveilles et tu vas aux toilettes

• - Tu te rendormiras aussitôt profondément et ton lit restera sec.

De cette manière, vous obtiendrez dans la plupart des cas des résultats remarquables avec les enfants à problèmes. La psychocybernétique leur donne le moyen de vivre en harmonie avec eux-mêmes.

COMMENT RÉSOUDRE TOUT PROBLÈME

Il y a deux ans environ, une jeune femme vint me consulter au sujet de sa fille de quatre ans, Régine, qui souffrait d'angoisses inexplicables. Endormie, elle se réveillait au bout de deux heures, trempée de sueur, le coeur battant, en hurlant à faire frémir. A ces moments là elle courait dans la maison, terrifiée, et ne reconnaissait pas ses parents. Puis la crise cessait brusquement et elle retournait se coucher comme si rien ne s'était passé.

La mère de l'enfant avait déjà consulté un psychothérapeute réputé. Mes conclusions rejoignirent les siennes : Régine avait été traumatisée après deux hospitalisations, l'une à huit mois, l'autre à quinze mois. Etant une enfant sensible, elle n'avait jamais pu surmonter la rupture avec sa mère, et la peur de la séparation subsistait encore à ce jour.

Le psychothérapeute ne trouvait pas de solution. Quant à moi, je me demandais comment appliquer la psychocybernétique sur une enfant si jeune. Sa mère était décidée à m'aider. Toutes les nuits, elle suggérait à sa fille endormie des paroles telles : « Il ne faut pas avoir peur. Maman reste avec toi ».

Avant de coucher Régine, la jeune femme préparait l'enfant à recevoir ces suggestions. Emmener la petite fille en imagination, marche après marche, avec les couleurs correspondantes dans le parc merveilleux, faisait partie d'un jeu.

Quelques jours s'écoulèrent. La jeune femme vint me trouver, heureuse de pouvoir m'annoncer que sa fille avait passé deux nuits sans le moindre incident. Je fus surpris de la rapidité du résultat. J'appris que les crises s'espaçaient. Au bout de six semaines, elle était guérie.

On obtient généralement un résultat rapide avec les enfants. Contrairement aux adultes ils ne mettent pas en question l'effet des techniques et ne raisonnent pas. Il n'opposent donc aucune résistance à la réussite.

• La certitude de la réussite se trouve dans le cas suivant.

A sept ans Katja était obèse. Ses parents avaient du mal à lui trouver des vêtements à sa taille. Comme ils travaillaient tous les deux, Katja avait été confiée bébé à la garde se sa grand-mère. Celle-ci lui prodiguait des soins exagérés, mettant du chocolat au bout de sa sucette, lui donnant régulièrement des snacks, si bien que Katja était devenue boulimique.

Les autres enfants l'appelaient « la grosse » et ne l'intégraient pas à leurs jeux. Le médecin scolaire ordonna un régime qui resta sans résultat. Au contraire, son poids augmentait.

Lorsque je lui promis qu'elle pouvait être mince au moyen de la psychocybernétique, Katja fut enthousiasmée. Je lui expliquai les différentes techniques. Fermement convaincue du résultat, elle contribua intensément à sa réalisation qui fut atteinte en sept semaines.

Elle était mince et heureuse de vivre comme les autres enfants de son âge.

• Attendez-vous à la réussite et vous l'obtiendrez.

Référez-vous au chapitre « Psychocybernétique » puis étudiez les différentes techniques.

• Votre enfant possède des capacités supérieures à celle que vous croyez.

Ne pensez pas que votre enfant est « encore petit », « ne comprend pas encore », « est trop jeune ».

Car c'est une erreur. Votre enfant possède lui aussi ses pouvoirs qui, de par sa capacité à croire, sont supérieurs aux vôtres.

Appliquez ces techniques à votre enfant avec sa collaboration. Vous serez surpris et satisfait du résultat.

9

CONCLUSION

Les possibilités offertes par la méditation ont transformé ma vie et mon être. Grâce à la méditation, j'ai trouvé le vrai sens de ma vie. Depuis, je vis en harmonie avec moi-même.

Je souhaite vous aider à vous connaître, à trouver le sens de votre vie et à le mettre en pratique. Ce livre va plus loin qu'une simple théorie à propos d'un thème intéressant. Je serais heureux qu'il vous laisse le sentiment d'avoir gagné un ami. Je suis cet ami-là et cet ouvrage est comme un pont entre vous et moi.

En appliquant les techniques proposées, vous forcerez les limites de votre esprit et vous découvrirez un monde nouveau. Votre esprit n'est pas limité. Ouvrez-en la porte et utilisez-en les pouvoirs.

La vie moderne avec ses contraintes nous donne guère le loisir d'entrer en contact avec notre subconscient. Aussi, la porte de l'inconscient reste-t-elle à jamais fermée pour la plupart d'entre nous. Il est dommage que des êtres valables soient ainsi limités.

Si vous ne parvenez pas à trouver cette porte. Acceptez mon aide. Faites l'expérience au sein d'un groupe de gens motivés par le même désir. Vous tirerez le bénéfice d'une vue plus juste sur les autres et sur vous-même. Vous n'êtes pas seul.

Avez-vous besoin d'un conseil ? Dans ce cas, écrivez à :

Christian Godefroy, Editions Godefroy,
BP 9, 27760 La Ferrière-sur-Risle (France).

Pour la Suisse : Editions Reuille
Chemin du Grand Mont Fleury N°6 1290 - Versoix

Pour le Canada : Editions Frémontel,
1350 rue Sherbrooke Ouest. Bureau 910 MTL/QUE H3G131

Cher lecteur,

Le Pr. Tepperwein a fait de son mieux pour rendre le contenu de cet ouvrage clair et compréhensif. Cependant, il peut devenir meilleur grâce à vos suggestions.

Voulez-vous contribuer à cette amélioration ? Dans ce cas, répondez aux questions ci-dessous : (mettre une croix dans la case correspondante).

A la lecture de ce livre, mon attente a été

☐ - satisfaite

☐ - insatisfaite

☐ - surpassée

A l'aide des techniques proposées, mon esprit s'est ouvert :

☐ - oui

☐ - non

A l'aide de ces techniques j'ai :

☐ - résolu un problème

☐ - résolu plusieurs problèmes

☐ - résolu aucun problème

Voici ce qui me plaît dans ce livre :

____

____

____

je changerais ce qui suit :

____

____

____

Donnez moi des informations sur le séminaire de dynamique mentale qui reprend sur 6 cassettes les exercices décrits dans ce livre.

Nom :__________________________ Prénom :______________

Age :________________ Profession :______________________

Adresse :____

____

____

Retournez cet imprimé à l'adresse suivante :

Editions Godefroy,
BP 9, 27760 La Ferrière-sur-Risle (France)

Pour la Suisse : Editions Reuille
Chemin du Grand Mont Fleury n°6. 1290 - Versoix

Pour le Canada : Editions Frémontel,
1350 rue Sherbrooke Ouest, Bureau 910 MTL/QUE H3G131

Je vous remercie pour votre collaboration

Cordialement

L'éditeur

TABLE DES MATIÈRES

Pages

NOTES :

NOTES :

NOTES :

NOTES :

NOTES :

NOTES :

édité par les Editions Godefroy
BP 9, rue du moulin à Tan
27760 La Ferrière sur Risle
Tél. : 16 (32) 30.71.59

Suisse : Editions Reuille,
Chemin du Grand Mont fleury n° 6. 1290 - Versoix
(Tél. : (022) - 55.47.96)
Canada : Editions Frémontel,
1350 rue Sherbrooke Ouest, Bureau 910, MTL/QUE H3G1J1
(Tél. : 844.10-66)

Achevé d'imprimer sur
les presses de l'imprimerie ANDRE
27110 Le Neubourg
Dépôt légal : 4e trimestre 1984
N° d'édition 1514